课题项目：广西教育科学规划 2021 年度广西财经素养教育研究专项课题重点课题
课题名称：人民币数字化进程下高校财经素养教育实践研究
课题编号：2021ZJY874

高校财经素养教育教学实践

李湾湾　李　柯　著

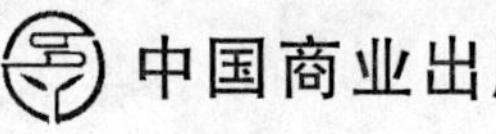

图书在版编目(CIP)数据

高校财经素养教育教学实践 / 李湾湾，李柯著. —
北京 ：中国商业出版社，2023.9
ISBN 978-7-5208-2620-4

Ⅰ. ①高… Ⅱ. ①李… ②李… Ⅲ. ①高等学校—财
政经济—素质教育—教学研究 Ⅳ. ①F810-4

中国国家版本馆 CIP 数据核字(2023)第 175403 号

责任编辑：朱丽丽

中国商业出版社出版发行

（www.zgsycb.com　100053 北京广安门内报国寺 1 号）

总编室：010-63180647　编辑室：010-63033100

发行部：010-83120835/8286

新华书店经销

优彩嘉艺(北京)数字科技有限公司印刷

*

787 毫米×1092 毫米　16 开　10 印张　230 千字

2023 年 9 月第 1 版　2023 年 9 月第 1 次印刷

定价：38.00 元

* * * *

（如有印装质量问题可更换）

前　言

在经济全球化背景下，财经活动已融入人们的日常生活，随之而来的经济事务问题及风险困扰也越来越多。个体是否拥有正确的劳动观和财富观，是否具备可以处理经济信息、合理使用资金、财务规划、风险规避等基础意识、知识与方法，对于其妥善处理经济关系与问题显得尤为重要，而这正是个体财经素养的重要体现。财经素养涵盖知识、能力、态度、行为等多层面内容，既涉及个体应对财务管理、未来规划及面对复杂金融环境做出相对合理的抉择，以实现自己的经济目标；也涉及个体经济活动对经济发展的影响，以及经济发展对个体经济的影响，包括对个体财富和人生追求的影响。现如今，个体的财经素养不仅影响个人和家庭经济的良性周转，还影响一个地区市场经济的健康运行，乃至金融安全与核心竞争力。可以说，财经素养教育关乎国家经济社会的稳定与发展，具有深远的个人意义、国家意义和社会意义。

本书针对大学生在学习生活、创新创业过程中可能面临的财务、消费、储蓄、理财等过程，系统地介绍了大学生必备的财经素养常识，帮助大学生树立正确的理财意识，保持清醒的财经意识，防范风险和诈骗。

本书共九章内容。第一章阐述财经素养教育的起源与发展；第二章阐述财经素养教育的内涵与目标；第三章阐述财经素养教育的中国标准；第四章阐述财经素养教育的教学实施；第五章阐述教师的财经素养教育能力；第六章阐述高校财经素养教育教学实践——个人财务规划与预算；第七章阐述高校财经素养教育教学实践——经济、财政与金融基本理论；第八章阐述高校财经素养教育教学实践——创新创业与风险管理；第九章阐述高校财经素养教育教学实践——模拟财务场景演练。

本书由桂林理工大学南宁分校李湾湾和李柯撰写并负责本书的统筹、统稿工作，李湾湾撰写了第一章、第二章、第五章、第八章和第九章的内容，共计 11.5 万字；李柯撰写了第三章、第四章、第六章和第七章的内容，共计 11.5 万字。

在撰写本书的过程中，作者参考、引用了一些专家和学者的研究成果，在此一并感谢。由于作者的水平有限，研究尚不深入，再加之时间仓促，难免存在疏漏和不足之处，恳请读者批评指正。

作　者

2023 年 5 月

目　　录

第一章　财经素养教育的起源与发展

财经素养是现代社会公民必备的一种核心素养。它要求人们必须掌握应对经济生活所需的财经知识和理财技能，能理解自己所处的国内外经济环境与政策制度，具有正确的劳动观、金钱观、消费观、财富观和人生观，并能据此做出恰当的经济决策。财经素养不仅关系个体幸福、家庭财务健康，也关乎社会稳定和国家经济安全。经济合作与发展组织（OECD）、亚太经济合作组织（APEC）等国际组织和美国、英国、澳大利亚、日本等许多国家都高度重视提高国民财经素养，尤其重视在学校实施财经素养教育。近年来，财经素养在国内也受到日益广泛的关注，财经素养教育研究日渐增多，相关政策不断颁布，在各级、各类学校开展财经素养教育实践越来越广泛。

第一节　财经素养教育的意义

开展财经素养教育，提高国民财经素养，提升国民参与现代经济社会的能力，是落实党和国家教育方针的重要途径，对促进社会经济文化健康发展，维护国际金融安全，全面建成社会主义现代化强国，实现共同富裕的目标，具有极强的战略意义和时代意义。

一、适应现代经济生活的迫切需要

提高财经素养是我国进入新发展阶段后老百姓管理财富的迫切需要。随着我国从站起来、富起来到强起来，老百姓家庭收入不断增加，收入来源逐渐多元化，资产性收入在家庭收入中的比重逐步增加，个人管理财富的基础和意识日益增强，对财经知识和相关技能的需求明显增加，人们迫切需要通过教育等多种途径使自身具有一定的财经素养，能够在日常生活中做出恰当的经济决策。

提高财经素养也是适应现代社会生活方式转变的需要。移动网络、信息技术、金融科技、人工智能、现代物流等都极大地冲击和改变了现代人的生活方式。丰富多样的商品、多元的销售渠道、令人眼花缭乱的促销手段、便捷的支付方式、随手可得的贷款资源、让人动心的理财产品等，人们在经济生活中时刻面临着多种选择，越来越需要具备一定的财经素养，从而做出理性的经济选择和行为。

二、保障民众经济利益的现实需要

提高财经素养是防范经济风险，保障老百姓经济利益的需要。现代经济生活在提供更多选择的同时，也使人们面临更多的风险，老百姓越来越需要提高财经素养，增强风险识别能力和防控能力。近年来，社会上频频报道各类经济案件，特别是电信诈骗、网络诈骗、套路贷、校园贷、银行卡盗刷等问题及其引发的悲剧。各类案件严重损害了人民群众的利益，教训十分深刻，迫切需要多措并举，从源头上加以解决。

政府部门除了应完善相关法律法规、加强监管外，更重要的是要全面开展财经素养教育，使人们掌握基本的财经知识和理财技能，了解国内外经济环境和政策法规，有效管控风险，避免上当受骗，维护自身合法权益。当前，尤其应注重对在校学生开展财经素养教育，从小培养其树立正确的劳动观、金钱观、财富观，能理性对待金钱，理性看待“月光族”“啃老族”“精致穷”等现象，自觉抵制拜金主义、不劳而获、好逸恶劳、急功近利、过度借贷、过度消费、从众消费、虚荣攀比等不良观念和行为，践行社会主义核心价值观，形成勤俭节约、健康文明的生活方式和消费观念。

三、维护国家经济安全的战略需要

提高财经素养是规范个体经济行为，维护国家经济安全的需要。个体的经济行为与国家经济运行密切相关，个体经济行为可能变成群体性行为，进而影响国家经济社会运行。不当的经济行为会招致经济风险，诱发社会风险，甚至引发政治风险，因此必须加以重视。目前，中国及世界正处于“后疫情”时期的新经济发展格局中，对经济运行稳定与安全的需要比以往任何时候都更为迫切。

根据国际货币基金组织公布的数据，我国的国民储蓄率从 20 世纪 70 年代至今一直居世界前列，但近年来已经从 51% 左右下降到了 45.9%。根据中国人民银行统计，截至 2022 年 6 月末，我国住户部门债务余额超过 58 万亿元，占总债务的 17.7%，占比较 2017 年年末高 3.4 个百分点。储蓄率的降低和负债率的上升也反映出人们的消费观念和投资理财观念在发生重要变化，需引起重视。通过财经素养教育，加强个体对经济活动的认识，引导人们对国家经济运行的了解和理解，减少个体参与经济活动时的盲目危险与违规行为，可以有效防止群体性冒险或非理性行为，从而维护国家的经济安全与社会稳定。

四、提高广大国民素质的基本需要

财经素养是现代公民必备的一种核心素养。它能体现人们综合运用所学财经知识、技能参与社会经济生活，实现社会财富积累和价值创造的实践能力，能反映出个体的规划能力、自我发展能力、家庭责任感和社会责任感，尤其能反映出人们秉持的金钱观、财富观等观念，是检验国民素质和社会文明程度的一块“试金石”。

财经素养是人们立足当下面向未来的重要基石之一。改革开放40多年来，我国经济高速发展，财富不断积聚，人民生活发生了日新月异的变化，国际化、全球化、信息化发展及科技创新，在使生活更加便捷的同时，也使人们面临更多的风险和挑战，越来越需要人们具备一定的财经素养。在新时代背景下，提高公民财经素养，是培养德智体美劳全面发展的社会主义建设者和接班人，培养适应新时代要求的时代新人，培养适应经济社会转型和国际竞争需要的应用型、复合型人才，以满足社会发展需要的内在要求和重要途径，也是在回应人民群众对于优质教育的迫切需要与殷切期望。开展财经素养教育，对于落实全面建设社会主义现代化对新时代国民素质的新要求，实现党的十九届五中全会提出的“国民素质和社会文明程度达到新高度”“人民生活更加美好，人的全面发展、全体人民共同富裕取得更为明显的实质性进展”等愿景目标，具有战略性、基础性的重要意义。

第二节　财经素养教育的趋势

国际上，财经素养教育已被许多发达国家放在重要的战略位置。一些国家及经济合作与发展组织（OECD）等国际组织的研究和实践表明，财经素养作为一项跨学科的综合素养，是个体最具生存与发展意义的核心素养。澳大利亚在国家战略中明确提出：“能够自信地应对金融环境，并在金钱方面做出恰当决策，是每个澳大利亚公民需要的核心生活技能”。各国财经素养国家战略的部署以及财经素养标准的制定都表明，作为个体核心素养存在的财经素养，具有重要的社会意义和国家意义，面向全民的财经素养提升及研究已是国际趋势和迫切的现实需要。各国在推进财经素养教育方面的普遍做法主要有以下四个方面。

一、从国家战略层面重视提高国民财经素养

美国、澳大利亚、加拿大、英国、新西兰、新加坡、韩国、印度、印度尼西亚、马来西亚等多个国家都实施了财经素养国家战略，还有一些国家也正在制定财经素养国家战略。例如，美国于2003年成立了财经素养教育委员会，并于2006—2020年先后出台4项财经素养国家战略；澳大利亚证券和投资委员会是负责提升国民财经素养的政府机构，自2011年以来发布了3份国家财经素养战略。部分国家的财经素养国家战略见表1－1。

表1－1　部分国家的财经素养国家战略

国家	发布机构	国家战略	时间	愿景
美国	美国财经素养教育委员会	《美国财经素养国家战略》	2020年	为美国个体和家庭提供可持续的金融保障
澳大利亚	澳大利亚证券和投资委员会	《财经素养国家战略》	2018年	确保澳大利亚人掌握过上最佳生活所需具备的财经素养
新西兰	新西兰财经能力委员会	《财经能力之国家战略》	2015年	让每个家庭都能在财经方面获得成功
加拿大	国家财经素养指导委员会	《加拿大财经素养国家战略——全民加入》	2015年	改善加拿大人和家庭的金融状况

二、发动多方力量全面提升国民财经素养

财经素养属于一种综合性素养，涉及经济、金融、财政、保险、国际贸易、法律等多个学科知识领域，是所有公民融入经济社会必备的一种核心素养。财经素养教育不仅是某一个部门的责任，而是政府相关部门、金融行业企业、社会机构、学校、家庭等多方面的共同责任。随着财经素养受到越来越广泛的重视，越来越多的机构开始开展财经素养教育，而且不同的机构面向不同群体，开展了更加具有针对性的财经素养教育。如美国联邦政府成立的财经素养教育委员会，负责协调包括教育部、财政部、美联储等在内的23个相关部门，统筹推进财经素养教育。此外，美国的一些非政府组织、消费者权益保护组织、用人单位、教育机构等也十分重视财经素养教育。美国经济教育委员会、个人财经素养联盟等都具有较大的社会影响力。澳大利亚的行业财经素养计划、社会团体财经素养计划、工作场所财经素养计划也都体现了社会力量的积极参与。在我国，开展财经素养教育的主体机构越来越多，针对性也越来越强。例如，中国人民银行和各类银行以及一些大中小学校，面向金融消费者、老年人、青少年学生等不同群体，开展了形式多样的财经素养教育，以全面提升国民财经素养。

三、研制财经素养教育标准（能力）框架

澳大利亚、日本、新西兰、瑞典、英国、美国等国家和组织先后发布并不断完善、修订财经素养教育标准，以规范和提高财经素养教育质量。以美国为例，早在1998年美国Jump $ tart个人财经素养联盟就发布了财经素养教育领域的第一份全国标准——《个人理财指导原则和基准》，此后更新过4次。其中，2015年发布的《K-12个人财经教育国家标准》(*National Standards in K-12 Personal Finance Education*)，在美国影响深远。美国经济教育委员会研制的《K-12国家财经素养标准》（*National Standards for Financial Literacy*，*K-12 Standards*）也成为各州制定各自标准的重要参考。澳大利亚也是较早意识到财经素养的重要性并从国家层面整体推进财经素养教育的国家之一。2015年，OECD财经素养教育国际网络也发布了《青年财经素养核心能力框架》（*OECD/INFE Core Competencles Framework on Financial Literacy for Youth*）。2019年，国际证监会组织与OECD联合发布了《投资者财商核心能力框架》。

四、倡导以学校为主阵地提升国民财经素养

一些国际组织和国家在通过多种途径提高不同国民群体财经素养的过程中，特别倡导发挥学校的主阵地作用。OECD提出：财经素养教育应当开始于学校教育当中，大众应当尽早地接受财经知识教育。亚太经济合作组织（APEC）指出：严格的、以学校为基础的系统学习以及经过专门培训的教师是开展财经素养教育的基础。澳大利亚在财经素养国家战略中强调：要通过正规教育，系统教育下一代。在我国，学校在财经素养教育中的主阵地作用也日益凸显。目前，我国在完善财经素养教育方面力度不断加大，积极学习和借鉴国外的经验教训，争取实现财经素养教育高覆盖、高效率、全面化发展。

第三节 财经素养教育的发展历程

自2012年国际学生评估项目（PISA）测试中首次加入财经素养方面的内容以来，我国对学生财经素养以及财经素养教育的关注明显增多。尤其是近年来，有关财经素养教育的政策、研究和实践也越来越多，以下从政策演进、理论研究和实践推进三个方面梳理我国财经素养教育的发展历程。

一、政策演进

近年来，我国颁布了一系列相关政策，要求将投资者教育、金融知识、证券期货知识等财经素养教育的重要内容都纳入国民教育体系，这是保护金融消费者权益、维护国家经济安全、服务国家经济高质量发展的基础性战略举措，体现了国家层面对财经素养教育的重视程度，为学校开展财经素养教育提供了政策依据。近年来我国颁布的财经素养教育相关政策见表1－2。

表1－2　近年来我国颁布的财经素养教育相关政策

时间	文件名称	要求
2006年	《国务院关于保险业改革发展的若干意见》（国发〔2006〕23号）	提出加强保险教育的若干要求
2006年	教育部、中国保险监督管理委员会《关于加强学校保险教育有关工作的指导意见》（教基〔2006〕24号）	要求将保险教育纳入国民教育体系，增强全体学生的保险意识，拓宽保险人才培养渠道
2013年	国务院办公厅《关于进一步加强资本市场中小投资者合法权益保护工作的意见》（国办发〔2013〕110号）	将投资者教育逐步纳入国民教育体系，有条件的地区可以先行试点
2015年	国务院办公厅《关于加强金融消费者权益保护工作的指导意见》（国办发〔2015〕81号）	建立金融知识普及长效机制；金融管理部门、金融机构、相关社会组织要加强研究，综合运用多种方式，推动金融消费者宣传教育工作深入开展；教育部要将金融知识普及教育纳入国民教育体系，切实提高国民金融素养
2015年	国务院印发了《推进普惠金融发展规划（2016—2020年）》（国发〔2015〕74号）	提出要建立与全面建成小康社会相适应的普惠金融服务和保障体系，要建立金融知识教育发展长效机制，推动部分大中小学积极开展金融知识普及教育
2016年	中国人民银行发布《中国人民银行金融消费者权益保护实施办法》（银发〔2016〕314号，“原办法”）	金融机构应当建立健全金融消费者权益保护的各项内控制度，包括但不限于金融知识普及和金融消费者教育机制；金融机构应当开展金融消费者权益保护员工教育和培训，提高员工的金融消费者权益保护意识和能力
2019年	中国证券监督管理委员会、教育部联合印发《关于加强证券期货知识普及教育的合作备忘录》	共同推动证券期货知识有机融入课程教材体系，提升教师队伍金融素养等

续表

时间	文件名称	要求
2020 年	中国人民银行发布《中国人民银行金融消费者权益保护实施办法》（中国人民银行令〔2020〕第 5 号，“新办法”）	中国人民银行及其分支机构统筹开展金融消费者教育、引导、督促银行、支付机构开展金融知识普及宣传活动，协调推进金融知识纳入国民教育体系，组织开展消费者金融素养调查
2021 年	中国银行保险监督管理委员会办公厅、中央网信办秘书局、教育部办公厅、公安部办公厅、中国人民银行办公厅联合印发《关于进一步规范大学生互联网消费贷款监督管理工作的通知》	要求加大对大学生的教育、引导和帮扶力度；从提高大学生金融安全防范意识、完善帮扶救助工作机制、全面引导树立正确消费观念、建立日常监测机制等方面要求各高校切实担负起学生管理的主体责任

由表 1－2 中政策的发展过程可以看到以下几个特点：

首先，国家对财经素养教育的重视程度不断提高，相关政策不断升级、充实和细化。中国人民银行于 2016 年发布的《中国人民银行金融消费者权益保护实施办法》（银发〔2016〕314 号，以下简称“原办法”）和 2020 年发布的《中国人民银行金融消费者权益保护实施办法》（中国人民银行令〔2020〕第 5 号，以下简称“新办法”），都是对 2015 年国务院办公厅颁布的《关于加强金融消费者权益保护工作的指导意见》的具体落实，新办法是在原办法的基础上进行的修订、增补。相比之下，新办法以人民银行令形式颁布，属于部门规章，原办法属于其他规范性文件，新办法的法律效力更高；原办法只是笼统地提出金融机构应当建立金融知识普及和金融消费者教育机制；新办法则进一步明确指出中国人民银行及其分支机构要统筹开展金融消费者教育，引导、督促银行、支付机构开展金融知识普及宣传活动，协调推进金融知识纳入国民教育体系，组织开展消费者金融素养调查。

其次，投资者教育、金融知识教育、互联网消费贷款教育都是财经素养教育的重要内容，在相关政策中先后得以体现。2019 年印发的《关于加强证券期货知识普及教育的合作备忘录》（以下简称“备忘录”），是中国证券监督管理委员会和教育部对 2013 年国务院办公厅《关于进一步加强资本市场中小投资者合法权益保护工作的意见》（国办发〔2013〕110 号，以下简称“意见”）的具体贯彻和落实。相比之下，2013 年的意见只是提出要将投资者教育逐步纳入国民教育体系，有条件的地区可以先行试点；2019 年的备忘录则进一步对开展投资者教育的课程教材、教师队伍和教学方式提出了更为明确的建议，对财经素养教育的主体和内容的规定都更为明确。

最后，重视和落实财经素养教育的主体机构逐渐增多，且协同性不断增强。2015 年国务院办公厅印发《关于加强金融消费者权益保护工作的指导意见》（国办发〔2015〕81

号)，对金融管理部门、金融机构、相关社会组织和教育部都提出了要求，但从政策后续落实情况来看，主要是中国人民银行在积极倡导和开展金融教育，教育部未予明确回应。2019 年证监会和教育部联合签署备忘录，体现了两个部门之间的协同性。2021 年印发的《关于进一步规范大学生互联网消费贷款监督管理工作的通知》则体现了中国银保监会、中央网信办、教育部、公安部、中国人民银行五部委的联动效应。

此外，教育主管部门对财经素养教育的重视程度和参与程度逐渐有所增加，但与经济发达国家相比，我国财经素养教育尚缺少总体规划和专门政策，现有的相关政策内容较为分散，大多只强调了财经素养教育的某一个方面，如保险教育、消费者教育、金融教育、投资者教育、证券期货知识教育、互联网消费教育等，并未完全凸显财经素养教育完整的教育属性和教育目的。

二、理论研究

近十几年，有关财经素养的理论研究成果逐渐增多。以“财经素养”为主题词和关键词对 2010—2023 年中国知网上的文献搜索统计发现，2010—2015 年该领域的研究文献相对较少，2016—2023 年该领域文献数量骤增，有学者认为这可能与一些关键事件的发生有关。例如，2016 年 11 月由中国教育科学研究院、中国财政科学研究院、中央财经大学、西南财经大学、重庆课堂内外有限责任公司等 9 家单位联合发起成立的“中国财经素养教育协同创新中心”对此可能有较大的影响。2017 年关于财经素养的研究文献约为 2015 年的 8 倍。2018 年 1 月中国财经素养教育协同创新中心组织研制的国内首份各学段《中国财经素养教育标准框架》正式发布。截止到 2023 年 4 月，财经素养文献达到 169 篇。

对公开发表的财经素养相关研究成果进行统计分析发现，开展财经素养研究的机构以高校和科研院所为主，其中发文量较多的机构主要是中国教育科学研究院、南京师范大学、北京师范大学、中央财经大学等单位。对研究内容进行梳理发现，目前有关财经素养的研究主要聚焦于财经素养的内涵、财经素养教育标准、财经素养教育政策、财经素养测评、财经素养教育的国际比较、财经素养教育的案例研究等几个方面。

“财经素养”这一核心概念是所有相关研究的基石。鉴于“财经素养”是对英语词汇“Financial Literacy”的一种翻译，国内学者一般都会先对财经素养的内涵进行本土化的界定，其中具有代表性的学者及其观点有以下四种。

①南京师范大学的庄舒涵和何善亮依据三维目标将财经素养要素划分为财经意识、态度、价值观，财经能力与方法，财经知识与信息三个维度，将财经素养概括为个体在获得财经知识的过程中形成的，以财经意识、态度、价值观为精神内核并形成良好的理财能

力，获得有效解决实际问题方法的一种内在涵养。

②中国财经素养教育协同创新中心、中国教育科学研究院的张男星等基于我国学生发展核心素养的关键特质，结合经济合作与发展组织对素养的概括，认为个人的财经素养是其处理个体经济生活中财经问题所需的一种综合素质，主要包括基本的财经知识、财经思维方式、合理的理财技能、符合伦理道德的财富创造以及财富管理的观念、态度和价值取向，并指出财经素养教育包含但不限于金融教育、财商教育、财经教育等生活中常见的概念。

③中央财经大学的辛自强等从多元人性观出发，将经济学的“经济人”假设和心理学的“社会人”假设深度整合，提出财经素养的三元结构并将财经素养界定为个体在应对财经事务、实现财经福祉时所具备的相关财经知识、能力和价值观。

④北京师范大学的苏淞等认为，财经素养涉及财经相关知识、技能、态度和价值观等方面，使个体能够合理分析和判断其面临的财经问题并作出相应决策，以提升个体和家庭的福祉，适应社会发展需要，具有突出的实践连接性、显著的学科融合性、独特的发展外延性。

从各方公开发布的研究成果来看，在开展财经素养教育研究的多家机构中，中国教育科学研究院开展的财经素养教育研究相对系统、持久和深入，研究成果也较为丰富，更成体系。中国教育科学研究院于2016年启动财经素养教育研究，2016年11月联合高校、科研机构、行业企业等单位成立了“中国财经素养教育协同创新中心”。该中心以稳定国家经济安全为战略取向，以推广和提升我国财经素养教育及其质量为目标，以引领财经素养教育理论研究、搭建财经素养教育资源平台、引导财经素养教育实践、推动财经素养教育政策为使命。

该中心成立以后，广泛动员各界力量，打造财经素养教育研究团队，研究并发布了一系列财经素养教育研究成果，引起社会各界广泛关注，对学校实践产生了明显的影响。2018年1月，该中心发布了历时2年研制，覆盖幼儿园、小学、初中、高中（含职高）、大学（含高职）5个学段的我国首份《中国财经素养教育标准框架》，为各级各类学校开展财经素养教育实践提供了依据和抓手。2019年起，该中心陆续出版了系列学术著作，包括《〈中国财经素养教育标准框架〉解读》《中国财经素养教育的学校实践》和《国外财经素养教育述评》系列丛书，为财经素养教育教学实践奠定了较坚实的理论基础。2020年，该中心组织编写的覆盖全学段的财经素养教育学生用书陆续出版。2021年，该中心组织编写了各学段财经素养教育教师用书，为学校系统开展财经素养教育提供了教材。2022年，为了推进苏州市某小学校财经素养教育实践工作，指导学校进行课程建设和课题研究，该中心专家团队多次到该学校，具体指导学校深入推进学校财经素养教育研究。

三、实践推进

近年来，随着社会各界日益认识到财经素养教育的重要性，我国许多地区已经兴起了形式多样的财经素养教育实践，开展财经素养教育的主体包括金融管理部门、金融机构、相关社会组织、大中小幼学校系统等；财经素养教育的对象包括金融消费者、投资者、在校学生、老年人等不同群体；财经素养教育的形式则包括实践体验活动、场景模拟、专题讲座、学科融合、必修课、选修课、社团活动、课外活动等。就我国学校开展的财经素养教育实践而言，近 10 年来，其体现出了从零星到区域、从被动到主动、从碎片化的摸索尝试到注重系统研究设计的发展态势。

1. 从零星到区域

从公开发表的文献和新闻报道来看，在 2016 年中国财经素养教育协同创新中心成立之前，北京、上海、广东、四川等地有一些学校在零零星星地开展财经素养教育探索。自 2016 年以来，在一些金融机构、研究机构和社会组织的推动下，特别是在中国财经素养教育协同创新中心的组织和推动下，一些地区已经形成了一批有优势的财经素养教育学校，发展了一些有特色的财经素养教育区域。例如，中国财经素养教育协同创新中心依托广西财经学院成立了广西分中心，依托中南财经政法大学成立了中南分中心，在广西成立了财经素养教育协同创新区域联盟，在上海财经大学商学博物馆设立了实验基地，在广东、上海、山东、陕西、四川等地设立了近 300 所财经素养教育实验基地校，形成了财经素养教育区域性发展的格局。

2. 从被动到主动

中国财经素养教育协同创新中心调查发现，学校对财经素养教育有一个逐渐接受、逐渐重视，由被动到主动的过程。最初主要是一些金融机构为了落实金融教育宣传普及政策，主动走进学校，为学生和教师开展讲座、知识普及活动。一些行业企业联合学校举办财经素养比赛，如 Visa 在中国发起金融教育发展合作伙伴计划，开发财经教育内容，探索创新的教育模式；一些社会组织，如青年成就中国（JA 中国）为不同学校开展金融教育课程教学培训等。在这个过程中，学校主要是被动接受。调查还发现，一些学校和教师最初对财经素养教育持观望态度，少数教师甚至持抵制态度。随着财经素养及其教育日益得到重视，越来越多的学校和教师积极主动地参与到财经素养教育实践探索中来。例如，自 2017 年以来，广东已有 200 多所大中小学和幼儿园主动参与到财经素养教育实践研究课题中，成为财经素养教育实验基地校。江苏、四川成都、陕西西安等地的学校对财经素养教育的参与也都呈现出同样的发展态势。

3. 从碎片化地摸索尝试到注重系统研究设计

从公开文献可以看到，早些时候各地学校开展财经素养教育的实践探索，具体形式包括邀请在金融机构工作的家长进课堂开展讲座；与银行合作开展“走进银行”等主题活动，通过学习、实践和场景模拟，让学生了解银行日常工作，清楚业务办理流程，在帮助学生增长财经基础知识的同时致力于提高学生的财经意识和相关技能；有的学校通过组建财经类社团，举办爱心集市、跳蚤市场、职业体验等活动，开展财经素养教育实践；还有的学校探索在学科教学中渗透财经素养教育的元素。这些都是很有益的探索，但同时存在碎片化等问题。近年来，在中国财经素养教育协同创新中心等机构的推动下，越来越多的学校开始注重行动研究，在实践探索的同时更加注重开展系统的理论研究和科学设计。越来越多的学校参与到财经素养教育实践和研究过程中，依据《中国财经素养教育标准框架》开发校本课程或学科融合课程；依据教育规律和学生的身心发展规律，探究财经素养教育模式。例如，广东、广西等地通过组织大中小学和幼儿园开展财经素养教育课题研究，已经形成了一批高品质的财经素养教育研究成果，锻炼出了一支优秀的财经素养教育教师队伍，打造了一批有特色的学校。更重要的是，大范围、大幅度地提升了学生的财经素养水平和综合素质。

第二章 财经素养教育的内涵与目标

新时代财经素养教育已成为我国经济战略的重要内容，是贯彻落实党的教育方针、实现立德树人根本任务、培养德智体美劳全面发展的社会主义建设者和接班人的必要路径。因此，财经素养既是个体问题，也是国家问题；财经素养教育既要基于个体，更要指向国家。在这样的背景和趋势下，财经素养教育不只是也不应只是一种局限于财经知识讲解、经济现象解读、理财技能传授等事实性活动，而一定要有基于并超越这些事实性活动的教育目标。那么，如何构建这个目标是当前我国财经素养教育的重大理论与实践问题。

第一节 财经素养教育的内涵

有关财经素养概念及财经素养教育内涵的理解在世界范围内并不统一。例如，经济合作与发展组织（OECE）认为，财经素养是“关于财经概念和风险的知识与理解，是应用该类知识和理解的技能、积极性与信心”，提高财经素养的目的是使人们能够在各种金融背景下制定有效的决策，提高个人和社会的金融福祉，并使人们能够参与经济生活。澳大利亚证券和投资委员会认为，财经素养是根据个人情况做出合理财经决策，用于改善金融福祉必要的财经知识、技能、态度和行为的组合。国际组织和其他国家对财经素养的理解偏重西方国家的文化传统和个体发展特点，而我国更多存在不对“财经素养”进行界定的情况，并且时常与财商、金融素养、消费素养、理财能力等相关名词交叉混用。

一、财经素养教育的定义

如何对财经素养及相应的财经素养教育下定义，我们认为需要从我国国情和社会主义核心价值观的视角来认识与理解。我们坚持个体与社会、国家经济活动密切关联的观点，将财经素养视为个体化素养，更视为一种关系型素养，在强化公民关注自身的同时强调个体应关注自己与社会、国家关系的价值导向。进而，我们将财经素养理解为“个体在财经生活中必备的财经知识、理财技能、财富观念与信念等基础修养总和”。其间的个体就是“个体—社会”“个体—国家”的关系型个人，即个体的财经素养不仅与个体的经济活动相关，也是个体对社会活动、国家发展的知晓、理解、把握与判断。

我们认为，提高财经素养不仅是个体的自我诉求，更是个体对国家的一份责任。财经素养教育要高度注重关系化的个体发展，强调中国优秀文化、制度特色对个体的影响和内在要求，重视引导学生超越“小我”形成“大我”，突破个人的利益计较，在认识个体与经济生活关系的同时，充分认识并理解国家乃至世界经济活动，知晓个人财务与国家安全发展之间的关系，进而形成有助于个体、家庭、国家经济安全与稳定发展的大财富观。

尽管中国学生在国际学生评估项目（Programme for International Student Assessme，PISA）测试中取得了财经素养方面的优异成绩，但并不能说明我国学生的财经素养水平就很高。毕竟测试题更偏重考查学生理解题意、运用数学技能解决问题的能力，较少涉及财经素养的观念和价值层面。从现实情况来看，我们仍会发现我国学生的财经素养有所欠缺的情况。例如，不知劳动的艰辛，出于攀比心理的非理性消费；不懂规则与制度的约束，希望以最少的努力“一夜致富”；等等。一方面，我们要引导个体从关系的角度处理经济问题，使个体在财经活动中学会处理人与人、人与国家、人与社会的经济和道德关系，在今天与明天的价值权衡中选择符合理性和德性的取舍。另一方面，我们倡导在财经素养教育中，不仅要让个体了解基本的财经知识，学会参与社会生活里的经济活动，还要从经济学的角度认识社会、体验社会，更要形成正确的观念，将财富与幸福生活，与社会的公平、正义、责任联系起来。为此，中国财经素养教育协同创新中心秉持“学生为本、国家为重”的财经素养教育初心，以促进个体进步、维护国家发展为根本目的，致力于推动基于学生、面向国家的财经素养教育，站在国家高度推进学校培养具有财经素养的社会化人才。我们强调，要通过财经素养教育去引导个体从关系的角度去认知和了解财经活动的常识，从中学会理解和处理人与人、人与国家、人与社会的经济关系及道德关系，将财富与个人的幸福生活、个体的社会责任统合起来，形成具有中国优秀文化底蕴和符合国家现代化要求的财经素养结构，优化并提升个体的综合素质。

综上，财经素养教育不只是单一或专门化的财商教育、金融教育、消费者教育、财经教育，它是培养个体应对经济生活所必备的财经知识、理财技能、财富观念、人生信念等基础素养总和的活动。财经素养教育以劳动教育为起点和手段，以德育为目标和方向，是劳动教育、生活教育、思想教育和情感教育的集合。相较其他概念，财经素养教育更具有基础性、普适性、一般性，也更具有萌芽特性。

二、财经素养教育关系辨析

进入 21 世纪，世界迈入了经济全球化时代，人们进入了与经济全面关联的状态，学生也概不例外。学生周围的生活都在不同程度地以经济的形态、经济的标识、经济的元素所表达，甚至借助现代化的手段以“不得不”的方式让人们去适应、去接受、去习惯、去“离不开”。这种学生与经济生活关联的状态，会让经济生活中实时出现的不良现象像空气一样影响着学生的思想和行为，让从前那种将社会信息过滤后呈现给学生的家庭教育和学校教育措手不及。例如，学生群体中出现的高额打赏主播、攀比高消费、违法贷款等行为。那么，该如何重新看待学生，看待学生应对经济生活所必需的核心素养及教育，尤其是财经素养及教育，成为非常需要关注的紧迫问题。

从学校教育体系来看，0～18 岁学生覆盖的学段有幼儿园、小学、初中和高中，包括普通高中和中职。如果从中国家庭中子女与父母在经济往来、大学学习等诸多方面非独立的紧密关系而言，这个“学生”的所指范畴至少还可以延伸至大学学段，存在着“后 18 岁儿童”的大学生“儿童”。所以，关于“学生与经济生活关系”的视角讨论，可以辐射到幼儿园、小学、初中、高中、大学五个学段的学生，关系到其与经济生活关系的理解。我们把这些学段的学生放置在“社会人”的概念下，统一观察并讨论财经素养教育对于他们何以所需以及以何应需。

（一）学生的三种关系状态

我们可以从家庭、国家、社会三个角度来看学生以及学生与外界环境的关系。

第一，成人保护的学生。我们时常将学生与成人作为两个对立主体来看待。学生是未完成的成人，成人是完成了的学生。成人对学生的保护，是成人监护未成年人之职责必需，也是长者关爱幼小之道德自觉，还是长大了的学生对自己内心学生世界的珍视与期盼。正是这样的职责、道德、情怀等因素，使学生始终处于成年人的保育、爱护、呵护之下，并没有真正从社会意义上完成生命的“第二次断乳”。于是，以父母为首要呵护者代表的成年人，不遗余力地在学生与经济社会之间架构起一堵墙，试图不让孩子接触或者少接触真实的经济社会，尤其是那些被成年人认为属于“非类”的活动或现象。在此保护下，学生往往被放置在经济生活的“墙外”。

第二，制度保障的学生。国家通过立法的形式为学生成长提供制度保障。《中华人民共和国未成年人保护法》是保护未成年人健康成长的基本法，从家庭保护、学校保护、社会保护、司法保护四个层面对未成年人保护做出了规定。2020 年 5 月 28 日正式通过的《中华人民共和国民法典》，为未成年人撑起了“保护伞”。比如，将一个人受保护的起始点前移到胎儿，继承权从胎儿开始算起；16 周岁以上的未成年人以劳动收入为主要生活来源，视为完全民事行为能力人，其劳动行为受到保护等。国家通过不断完善相关法律制度，为学生的健康成长保驾护航。当学生因成年人的关系被带入某个经济生活事件时，如某个经济纠纷、教育纠纷等，学生就会被动参与到经济生活的某个范畴。在此保障下，学生与经济生活的关系方式多是事件式的接触。

第三，社会消费的学生。随着信息化的迅猛发展，学生不用走出家校，社会的经济特性就已经以无处不在、无所不有的方式挤进其学习与生活之中，须臾不离。这是以往任何时代的学生不曾有过，至少是不曾强烈有过的生存环境冲击。如今的学生早早就被社会作为消费对象暴露在真实的经济生活中，消费主张乃至消费主义倾向的经济元素，更是通过科技支撑的现代化设备与服务，全面影响着学生的思想与行为，所谓远离社会的学校“象牙塔”更像是“皇帝的新衣”。于是，面对一直在经济社会中的学生，对其最好的保护就是让他们尽早与经济社会“和解”，尽早地知晓身边的经济社会，尽早地去适应、去接纳这个未来他们必定要全面融入的经济生活。

应该说，三种状态或关系对学生的成长而言都是必需的，通常我们更重视前两种状态以及学生与家庭和国家的关系。成人对学生的精心呵护，国家法律对学生的制度保护，都是学生健康成长的必需和必要条件，缺少任何一方的支撑，对学生而言都是致命的缺失。这两类关系共同的意向都是将学生送入学校，通过过滤、避免或减少的方式，将社会对学生的负面影响挤压到最低限度。就一定程度和范围来说，学生被放在家庭、学校的“真空”里，圈养在真实的经济生活之外。但在今天的经济全球化时代以及“后疫情”世界经济时期，学生与社会尤其是与经济生活的关系，需要予以重新审视，也更迫切需要关注、重视和强调。而让学生具有财经素养就是关注、重视和强调的有效手段。

（二）财经素养对学生经济生活的意义

全面参与社会经济生活是学生成长的必然条件。财经素养就是学生参与经济生活所必备的财经知识、理财技能、财富观念、人生信念等基础素养的总和。它为学生形成并优化应对经济生活所必需的综合储备提供了良好途径，包括价值观、思维方式、知识视野、应用能力、积极心理等素质储备。获得财经素养是学生认知和参与经济生活的重要手段。

一方面，财经素养可以保障学生拥有经济生活的权利。首先，有权利成为经济生活的思考者，而不只是旁观者。通过财经素养教育，学生能够有意识突破简单的家庭、学校空间关系，通过观察自己和身边人的经济活动，认识并知晓社会的经济生活状况，进而逐步理解个人与国家、社会经济生活的关系。例如，通过了解父母的工作进一步了解经济分工及其意义等。其次，有权利成为经济生活的创造者，而不只是消费者。财经素养教育在使学生能够力所能及作为一个商品、服务的正能量消费者的同时，通过个体探索或团队行动等方式参与创造经济生活，改善并引导经济生活的方式与思想。例如，为垃圾分类制作特殊标识等。最后，有权利成为经济生活的护卫者，而不只是受保护者。财经素养教育使学生能够在安全的范围内发表意见，提出疑问和评判，保护并捍卫清正、廉洁、正义的经济生活。例如，学生参与环境保护、贫困资助等。应该说，学生的财经素养之于社会经济的影响力可能是微小的，但对于其个人来说却可能是深远的。

另一方面，财经素养是学生未来全面融入经济生活的原初根芽。它引导着将要成为成年人的学生群体在面对无限诱惑时，还能在未来某些时刻稳稳地持有对经济活动规范与正当、理性与安全、信用与责任的价值及行为坚守。那些未来某些时刻的坚守就是现在财经素养教育之于学生经济生活的全部意义释放。

第二节　财经素养教育的理念与目标体系

一、基本理念

财经素养教育目标的构建依据是其重大的时代意义。

1. 财经素养教育是落实国家重大战略的重要举措

2015 年和 2016 年先后发布的《关于加强金融消费者权益保护工作的指导意见》（国办发〔2015〕81 号）和《推进普惠金融发展规划（2016—2020 年）》（国发〔2015〕74 号），要求教育部将金融知识普及教育纳入国民教育体系，切实提高国民金融素养，并建立金融知识教育发展的长效机制。2019 年，中国证监会与教育部联合印发的备忘录，提出在学校教育中大力普及证券期货知识，对于推动全社会树立理性投资意识，提升国民投资理财素质，维护社会和谐稳定具有重要意义。

2. 财经素养教育是贯彻国家教育方针的重要路径

财经素养教育是促进学生德智体美劳全面发展的重要路径，它以劳动教育为起点和手段、以德育为目标和方向。财经素养教育涉及财富获得、财富管理、财富传承等，而劳动是创造社会物质财富和精神财富的源泉。通过财经素养教育，可以纠正人们对劳动的偏见、成见和狭义理解，使学生更清晰地认识到劳动创造财富的本然，懂得只有通过诚实且有智慧的劳动才能创造并获得财富。同时，财经素养教育倡导以适当方式让学生参与或模拟参与社会生活里的经济活动，从中感知社会、体验社会，将财富与幸福生活、社会的公平正义、个体对国家的责任统一起来，坚决反对唯利是图、拜金主义、物质至上的不良金钱观和财富取向，从而使学生在更深层次上体悟劳动的伟大，通过诚实的劳动获取收入最光荣，以此落实立德树人的根本任务。

3. 财经素养教育是学生立足当下，面向未来的重要基石

教育要面向现代化，面向世界，面向未来。财经素养教育是培养学生立足当下，适应未来社会发展能力的重要基石。改革开放40多年来，我国经济高速发展，财富不断积聚，人民生活日新月异，日益复杂的现代化生活越来越需要人们具备一定的财经素养。

基于以上认知，财经素养教育对于提升学生综合素养，促进学生全面发展具有重要意义；对于维护社会和谐稳定，促进经济社会发展，保障国家经济安全，也具有重要意义。我国财经素养教育目标的构建，其出发点就是基于“学生为本、国家为重”的教育本然。我国实施财经素养教育与其他国家最大的不同点就是，它不仅要教会学生如何面对自己进入经济社会的理财问题，更要教会学生在经济生活中如何关照自己的经济事务，以及如何处理与国家经济活动的关系问题。所以，我国的财经素养教育要以促进个体进步、维护国家发展为根本目的，建构起基于学生、面向国家的具有中国特色、世界视野的财经素养教育目标。

二、目标构建

以“学生为本、国家为重”为旨归的财经素养教育目标要思考：财经素养教育应培养学生树立什么样的观念，养成什么样的行为；通过培养学生的观念与行为，可以让学生成为什么样的有利于国家经济发展与社会稳定的人。依循中国财经素养教育标准研制的思想与特点，我们建构了中国财经素养教育“三九五体系”目标（见图2-1）。“三”即“形成三种观念”，包括劳动观、金钱观和财富观，这是财经素养教育的基础型目标。为学生未来从事经济活动形成基本的财经素养底色。“九”即“理解九对关系”，这是财经素养教育的扩展型目标。“五”即“成为五个合格者”，这是财经素养教育的结果型目标。

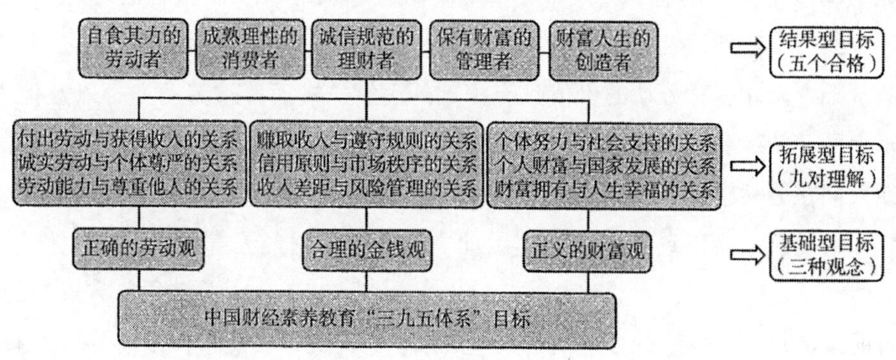

图2-1 中国财经素养教育“三九五体系”目标

第三节　财经素养教育的目标分类

如果用一棵树来比喻财经素养教育“三九五体系”目标，基础型目标——“形成三种观念”就是树干，支撑着整个财经素养教育的根本价值导向；拓展型目标——“理解九对关系”就是树叶，丰富并细化着财经素养教育的基本内容范畴；结果型目标——“成为五个合格者”就是果实，标识着财经素养教育的预期达成效果。

一、基础型目标：形成三种观念

财经素养教育的基础型目标是形成三种观念——劳动观、金钱观、财富观。这三种观念的构建既是在延续中国文化传统的历史基因，也是在应对当前经济社会中的现实问题，更是在践行中国特色社会主义核心价值观、落实中国学生发展核心素养。因而，财经素养教育的基础目标是促进学生形成新时代所应该具备的三种观念。

（一）正确的劳动观

劳动是财经素养教育的逻辑起点，因此财经素养教育必须着眼于培养学生树立正确的劳动观。这是学生成为有用社会个体的关键。正确的劳动观意味着能够尊重劳动本身及他人劳动，尊重诚实的劳动以及懂得珍惜劳动的成果。

劳动是获得人类生存物质条件的前提。一个人只有树立了正确的劳动观，才能自觉强化“辛勤劳动最光荣”的意识，用双手和智慧去创造人生，实现自己的理想，并对人生观、世界观的形成起到积极的作用。第一，学生只有在理解劳动与财富收入之间抽象的逻辑关系的基础上，才能对劳动的价值具有深刻的理解，进而尊重劳动本身以及他人劳动。第二，正确的劳动观要培养学生的契约精神和守法意识，使其学会诚实劳动。理性经济人的特征使人们在劳动中惯于追求利益的最大化，极易逾越道德底线，产生投机取巧的行为，甚至不惜铤而走险以致误入歧途。因此，应当通过财经素养教育让学生学会尊重劳动、诚实劳动。同时，财经素养教育要让学生学会尊重劳动成果，懂得所有形态的成果都是劳动者的辛苦付出所得，社会财富由这些成果积累而成，要尊重并爱惜劳动成果。

（二）合理的金钱观

财经素养教育不回避金钱问题。合理的金钱观意味着能够正视金钱对于生活的正当意义，处理好“利”与“义”的关系，并懂得通过合法方式赚取金钱。此外，还要认识到金钱不是生活的全部，人生意义也并非全部由金钱来衡量。

中国儒家文化在义利关系上是重义轻利，甚至耻于谈利、言商、说钱。孔子建立的以“仁”为核心的伦理思想体系中就提出了“义以为上”（《论语·阳货》）的道义原则，为后世儒家的价值观和义利之辨指出了方向，从而形成了崇义轻利的价值传统。孔子之后，崇义轻利的思想被后世儒家学者进一步继承、放大，进而确立了轻利重义、以义抑利的义利观。但中国传统文化中仍然有一股力量在强调“君子爱财，取之有道，用之有度”的合理金钱观。《易传·乾文言》率先提出“利者，义之和也”的义利观，把“义”置于“利”的基础，并且以“义”统御“利”。如今我们倡导的财经素养教育是要尊重个体正当的利益诉求，在此基础上实现义利的协调统一。财经素养教育要教会学生在尊重社会规则的前提下，通过合法途径获取正当经济收入。同时，也要让学生明白，金钱是获取生存物质保障的基础，它只是实现人生价值的手段，而不是目的，我们不能成为金钱的奴隶，更不能为获得金钱或更多财富去做不义之事。换言之，不因利害义，不为义耻利。

（三）正义的财富观

货币本身不等于财富，金钱原本也无好坏之分，但金钱的赚取过程以及财富的使用方向却具有一定的价值偏向。尤其是在人类社会的关系网络中，财富不单单体现为人与金钱的关系，更包含着人与人、人与群体、人与人类等诸多关系乃至其集合。当众多关系与财富交织在一起时，财富观念就具有了正义与非正义的区别。正义的财富观意味着在财富的赚取、累积、传承、使用的过程中充分考虑到了人与自己、人与人、人与群体、人与社会、人与人类的众多关系。首先，财经素养教育要让学生懂得金钱财富的获取与个人努力才能相关。孔子曾说：“富与贵，是人之所欲也，不以其道得之，不处也；贫与贱，是人之所恶也，不以其道得之，不去也。”（《论语·里仁》）又说：“不义而富且贵，于我如浮云。”（《论语·述而》）这实际上指出了财富的获得要靠自己的努力，任何投机取巧的方式都为人所不齿。中国古人对于财富获取的正义立场应当在财经素养教育中得以体现并被继承和发扬。同时，个体财富的获得总是以社会资源的消耗为代价。财经素养教育要让学生明白，财富虽然是自己的，但是获得财富所消耗的资源却是社会的，无论赚钱多少与否，都是在不同程度地运用、消耗社会资源。可以说，个体获取财富的资源都来自社会，个体获取的财富越多，消耗的社会资源也就越多，因而个体对于社会所应承担的责任也就越大。正义的财富观要让学生明白，个体财富的获得与社会资源及制度系统的支持是分不开的，要懂得感恩社会、回馈社会。

财经素养教育上述“三观”之间存在相互联系、彼此递进的逻辑关系。劳动是创造财富的起点，在劳动中要处理好“义”与“利”的关系，坚守基本的“义”，鼓励正当的“利”，使劳动换取财富成为一种水到渠成的自然过程，避免对金钱的非理性追求和过度狂热。最终，财经素养教育还要使学生明白，财富的获取与社会的支持是分不开的，个体所拥有的资源量与其社会责任应成正比。

二、拓展型目标：理解九对关系

在引导学生形成正确的劳动观、合理的金钱观、正义的财富观这些基础型观念的过程中，需要进一步深化财经素养教育的目标，将相对抽象的概念内涵以不同的逻辑关系串联在一起，进而形成九对关系化范畴，构建出财经素养教育的拓展型目标，即理解九对关系。

（一）理解劳动及其相关关系

1. 付出劳动与获得收入的关系

财经素养教育要让学生理解劳动付出与收入获得的关系。一方面，理解只有付出劳动才能获得收入。劳动是人类社会生存和发展的基础，劳动有分工，分工形成了各种职业；社会劳动者以职业身份从事劳动，进而获得经济收入，以维持个体生存及家庭生存的需要。为此，个体只有通过劳动才能获得收入，包括付出体力劳动或脑力劳动，简单劳动或复杂劳动。市场经济过程中那些做出贡献的资本、技术、经营管理等要素，依据其所有权取得的收入是合法的。仅从这个意义上来说，不存在“不劳而获”。另一方面，理解付出了劳动就应该有收入。劳动者付出的劳动都应获得相应的劳动报酬，即经济收入，这是劳动者的基本权利。为所付出的劳动索取收入是正当的。

2. 诚实劳动与个体尊严的关系

财经素养教育要让学生理解诚实劳动与个体尊严的关系。一方面，对于有劳动能力者，只有依靠诚实的劳动自食其力，个体才是有尊严的人。诚实劳动就是要求个体在遵守国家法律法规的前提下，用自己的体力劳动或脑力劳动来为社会创造财富并获取收入。另一方面，诚实劳动者享有个体尊严。每个人都自觉做一名诚实劳动者，同时，每一个人都自觉尊重诚实劳动者，诚实劳动者在此双向过程中享有应有的个体尊严。国家及社会形成保护诚实劳动者的政策、制度及文化环境，是诚实劳动者秉持诚实劳动的觉知、意识、价值、尊严和信念的重要基础。

3. 劳动能力与尊重他人的关系

财经素养教育要让学生理解劳动能力与尊重他人的关系。一方面，理解每个人的劳动能力是不一样的。个体的劳动能力有大小之分，这种个体间能力的差异，可能是主观努力程度造成的，也可能是客观的或先天的因素引起的，劳动者往往是根据自己的能力并在自己的能力范畴内选择适合的劳动职业，创造不同的劳动成果。另一方面，理解无论个体能力大小，只要个体是在靠自己的诚实劳动创造财富，都是值得尊重的。所有劳动者具有平等的地位和人格，他们在诚实的劳动过程中，都付出了自己能力所承载的劳动（投机取巧者没有诚实劳动，不在此列）。因而，无论劳动者从事何种职业、参与何种形式的劳动，只要是通过诚实的劳动对社会产生了积极意义，不管其劳动成果的社会贡献大小，都值得尊重。我们要抛弃社会上存在的鄙视简单劳动、体力劳动的不良偏见，防止劳动等级化、高低贵贱化，防止把某些劳动形式看得比别的劳动形式更重要。

（二）理解收入及其相关关系

1. 赚取收入与遵守规则的关系

财经素养教育要让学生理解赚取收入必须正当合法，而正当合法的收入只有通过遵守规则的劳动才能获得。一方面，规则是经济活动得以开展并维持的必要条件，只有形成并遵守规则，大家才能在公平的经济活动中获得各自应得和正当的收入。另一方面，规则不是一成不变的，任何规则的形成都是社会群体彼此妥协、达成共识、共同推进的结果。随着经济社会的发展，人们赚取收入的方式会发生变化，赚取收入的活动规则也需要不断加以补充、修改和完善。

2. 信用原则与市场秩序的关系

财经素养教育要让学生理解，秉持信用原则是稳定市场秩序、守住经济活动的安全底线。信用是建立和规范市场经济秩序的重要保证。一方面，要维护个体信用与市场秩序的一致性。当个体遵循信用原则、运用正当手段、通过合法途径追求市场利益时，便能维持并稳定信用与市场秩序的一致性。个体一旦违背信用、破坏规则，就必然影响正常的经济行为，引发冒险违法活动，导致市场失序、社会交易成本增加，个体自身也难逃风险。另一方面，要把信用原则的经济意义根植于内心。当个体的市场行为纯粹受经济利益驱使时，极易因追求利益的最大化而与信用价值产生冲突，导致个体做出损害市场秩序的行为。所以，持久的信用是将规则不仅作为一种经济活动的外在原则来看待，更是将其当作经济行为安全的内在约束来理解并践行。个体越遵守信用，行为越遵守规则，市场越遵守秩序，人与人之间越安全。

3. 收入差距与风险管理的关系

财经素养教育要让学生理解，社会个体间的收入差距可能因自身能力、生存环境等个体原因以及历史阶段、国家政策等社会原因而客观存在。无论是个体还是国家，都需要预判和应对因市场波动、规则破坏、信用丧失、操作失误、政策变动、自然灾害等多种原因导致的各种经济风险。一方面，个体要正确看待收入差距存在的原因及结果，应以满足正当生活需求为经济目标，对自己的收入进行合理增值以及实施相应的风险管理。尤其是在从事股票、期货交易等金融活动时，更要具有高度的风险意识和基本的管理预案。另一方面，国家通过税制改革等方式，不断深化改革，完善制度，从宏观层面加强风险警戒线的管理，公正缩减个体间的收入差距，使每个人都能更多地享受到劳动创造财富的收益。

（三）理解财富及其相关关系

1. 个体努力与社会支持的关系

财经素养教育要让学生理解财富的创造同时需要个体的努力以及社会的支持。一方面，个体财富的赚取需要个体的才能与努力，社会的每一份财富都是每位个体体力与智力的劳动付出所成就的。一般而言，善于赚取财富的人是善于运用智力、捕捉社会资源的人，也是勤奋工作的人。没有个体的努力，就没有社会财富的创造与积累。另一方面，个体财富的创造也需要社会系统的支持，包括社会资源的供给、经济制度的安排、经济政策的利导等。其中，社会资源还包括有限的自然资源、资本资源、人力资源等。正是在这些社会支持系统的支撑下，个体才能不断地赚取收入、积累财富。

2. 个人财富与国家发展的关系

正是因为财富的创造同时需要个体的努力以及社会的支持，所以财经素养教育要让学生理解每个人的财富获得都与国家发展息息相关。一方面，只有国家强大了，才能促进个体财富的快速增长。改革开放 40 多年来的巨大成就充分表明，是国家的强大，才为每个人提供稳定的经济环境和有效的激励机制，激活个体赚取财富的动力，不断累积社会财富。另一方面，个体赚取财富的活动也是推动国家经济可持续发展的过程。国家的经济活动是由众多个体的经济活动集合而成的，个体在财富赚取的过程中不得损害国家利益以及国家秩序。此外，当个人财富积累到一定程度后，个体更能深刻地理解富有、理解贫穷，要通过多种途径来回报社会、反馈国家、兼济天下。

3. 财富拥有与人生幸福的关系

财经素养教育要让学生理解，财富拥有的程度与人生幸福的程度肯定有关联，但不一定是正比关系，或至少不总是正比关系。一方面，物质财富的拥有是能带来人生幸福的。当一个人能够赚取和拥有物质财富时，不仅可以为个体及其家庭的生活安全提供保障，也能证明个体的经济才能，体现出个体的劳动付出得到了有效回报，其自食其力的劳动价值得以展示；还可以减少国家负担，反哺社会，彰显个体的自我社会价值。为此，财富的不断积累是幸福的。另一方面，以货币为表征的金钱并不是财富的全部，更不是人生幸福的全部。人生的财富包括物质财富和精神财富。通过正当手段获得的物质财富能够为人们的生活提供生存保障，提高人们的生活质量，但物质财富不能成为人生追求的唯一目标，人生还需要基本物质条件满足之后的更多精神财富。

三、结果型目标：成为五个合格者

（一）自食其力的劳动者

财经素养教育要培养学生成为自食其力的劳动者。通过对劳动与金钱、财富、人生意义之间关系的理解，筑牢学生尊重劳动、热爱劳动、善于劳动的基本素养，从而形成“人应该自食其力”的本源性观念。这样，学生便能够在自己的成长道路上自觉克服困难、努力拼搏，以实现自立自强的目标；自觉地不断拓展、提高、丰富自食其力的能力，不断在新的水平和层次上践行自食其力的劳动价值观，成为一个善于劳动的社会个体。这样自食其力的劳动者，在与经济社会交互的过程中始终能做到“流自己的汗，吃自己的饭”，以一个能自己养活自己的姿态生存、生活。

（二）成熟理性的消费者

财经素养教育要培养学生成为成熟理性的消费者。通过对劳动的本质、劳动与财富的关系、财富与社会资源的关系等方面的认识与感知，学生能够理性看待消费行为，把握消费对于个体生存的适切度；能够正确平衡自己的收入与消费，即合理评估自身消费条件或能力，不炫耀攀比、不挥霍浪费，做到消费行为首先是在自我收入条件和能力范围之内的，以满足基本生存和发展的需求。量入为出，既包括目前收入的现时量，也包括自身能力所能创造出来的潜在量，这都是消费行为需要遵守的经济底线，越过此经济底线产生的过度消费、虚高消费，都是非理性的消费，会引发道德与法律的问题，也会引发个体、家庭和国家的问题。成熟理性的消费者能够理解自己的消费行为与家庭经济的息息相关，不“啃老”也不“害老”，始终持有“日吃三餐、夜眠七尺”的消费需求底线；同时，能够看到消费在国家经济发展中的作用，自觉将个体消费行为置于国家规定之中。

（三）诚信规范的理财者

财经素养教育要培养学生成为诚信规范的理财者，能够对投资理财平台进行有效鉴别，能够对投资项目或产品进行深入分析，能够遵守相应的规则规范，诚实守信地进行理财。诚实规范的理财者始终坚持从事正当合规的理财活动，能够在各种理财活动中做到诚实守信；会注重收益和风险的平衡，平衡好短期和中长期投资，不会盲目追求高收益；不会因短视行为影响未来发展，不为钱去冒险，包括不为钱违法、不为钱生事、不为钱害人。

（四）保有财富的管理者

财经素养教育要培养学生成为保有财富的管理者。保有财富并不是指对财富的永久持有。从根本意义上而言，每个人赚取的财富都是对社会财富在某个时间段的保存和使用。因而，保有财富的管理者能够知道理财活动带来的风险，能够适当预判风险、规避风险，实现财富的保值增值和可持续增长。更为重要的是，保有财富的管理者能够区分生存和发展的财富获取需要，充分考虑物质财富与精神财富的共有，不盲目，不偏激，善于合理规划，懂得在自己的风险承受范围内从事财富赚取与增值活动。

（五）财富人生的创造者

财经素养教育要培养学生成为财富人生的创造者。通过对劳动的意义、财富创造的价值及其与资源环境、社会支持的关系等方面的理解，学生能够在进入经济社会的时候保持三个“力”：一是保持自己的劳动创造力，不以年龄为界限和约束，在有生之年的不同阶段保有和付出不同的劳动能力，努力创造更多的财富，成为一个对自我、家庭、社会和国家有用的人；二是保持财富积累与社会责任的平衡力，不因财富的直接创造者是个体，就忽略和无视个体在创造财富时所消耗的有限社会资源，较好地在财富创造和社会责任之间寻找平衡，在财富的创造积累过程中适当、适度地回馈社会；三是保持财富的创生力，不以金钱的获得与积累作为财富的全部和终点，既能不断赚取金钱，更能持续获得金钱之外的财富，如意义、志趣、情意、快乐等。

综上所述，构建并实现财经素养教育的“三九五体系”目标，可以帮助学生带着正确的劳动观、合理的金钱观、正义的财富观进入经济社会，参与经济活动，从事经济事务，为国家的经济稳定与发展发挥正向作用。他们能够知晓个人财务与国家经济之间的关系，充分理解国家乃至世界的经济活动，在财富赚取与保有中既彰显个体经济能力，实现自我价值，又享受创造财富带来的社会价值与人生意义，成为能在国家经济、政治生活中负责、守法的公民。财经素养教育的“三九五体系”目标符合我国的社会主义核心价值观，有利于落实立德树人根本任务，有助于培养出符合学生发展需求、符合国家发展需要的社会主义建设者和接班人。

第三章　财经素养教育的中国标准

财经素养教育日益受到广泛的重视，国际组织和其他国家制定了相应的财经素养教育标准，但这些标准并不完全适合我国的主体价值追求、文化背景及学习者的特点。那么，如何理解中国的财经素养教育标准？我国需要什么样的财经素养教育标准？怎样研制和使用财经素养教育标准？本章从标准的解读和研制两个方面介绍中国财经素养教育标准，这一标准为学校、社会机构开展财经素养教育及相关活动提供了规范化的目标参考，为财经素养及财经素养教育的测评提供了质量参照。

第一节　财经素养教育的标准解读

一些发达国家已经制定了财经素养教育标准或国家战略，加强对财经素养教育标准的研制已成为国际趋势。我国近年来也陆续出台了相关政策，以支持财经素养教育的发展，为研制财经素养教育标准提供了政策依据。本节从国外财经素养教育标准的研究现状、必要性、特征三个方面进行研究，为财经素养教育标准的研制提供理论支撑。

一、国外财经素养教育标准的研究现状

在过去的几十年中，一些发达国家和发展中国家逐渐开始关注其公民的财经素养，特别是2008年金融危机之后，财经素养教育得到了更广泛的关注。目前，已有澳大利亚、俄罗斯、爱沙尼亚、马来西亚等收入水平不同的国家正在制定或已经实施了国家战略，不少国家和国际组织发布了财经素养教育标准。从各国情况来看，财经素养教育的内容从微

观行为到宏观环境，涉及经济生活的方方面面。比如，经济合作与发展组织发布的《青年财经素养核心能力框架》包括四个维度的内容，即货币与交易、规划和理财、风险和回报、金融格局，对 15 ~ 18 岁青少年参与财经生活所需的知识、态度和技能进行了阐述。美国发布的《K－12 个人财经素养教育国家标准》包括六个维度的内容，即支出与储蓄、信贷与债务、就业与收入、投资、风险管理与保险、理财决策。日本制定了财经素养水平最低标准，从四个方面对财经素养做出最低要求：①家庭预算管理；②人生规划；③了解金融知识和财经环境，选择、使用适当的金融产品；④恰当使用外部专业咨询。

二、财经素养教育标准研究的必要性

研制财经素养教育标准，推动财经素养教育是国际趋势。为提高公民财经素养，满足其应对经济社会发展的需求，一些国际组织、国家和地区都在积极推动财经素养教育，许多国家发布了财经素养教育国家战略，并成立了相应的负责机构，积极推动财经素养教育标准的研制及学校和社会机构的财经素养教育实践活动。这都表明，财经素养已从个体意义走向了社会意义和国家意义，面向全民的财经素养教育已成国际趋势。从各国实践来看，政府机构、行业企业、非营利性机构、学校、家庭等，都在通过不同渠道以不同方式推进或开展财经素养教育，其中，通过系统的学校教育来提升公民财经素养被认为是重要途径。经济合作与发展组织委员会强调，人们应该在生活中尽早地了解财经事务，财经素养教育应从学校开始，包括在正规学校课程之内实施财经素养教育，这是广泛提高下一代财经素养水平的最有效和最公平的方式之一。

研制财经素养教育标准，推动财经素养教育，符合当前中国国情。研究发现，我国对财经素养的概念及基本内涵的理解还没有达成共识。国际组织或其他国家对财经素养的理解更带有西方国家的文化传统和个体发展特点，并不完全适合我国的主体价值追求、文化习性及学习者的特点。国内关于财经素养及其教育的现有理论研究还不足，也缺乏对财经素养教育实践的有效指导。为此，亟须加强财经素养内涵、标准等方面的理论研究，以规范财经素养教育活动并提高其质量。因此，研制一个相对完整学段的中国财经素养教育标准，旨在促进财经素养教育实施基准的相对一致性，能够为学校、社会机构开展财经素养教育及相关活动提供规范化的目标参考，为财经素养及财经素养教育的测评提供质量参照。

三、财经素养教育标准框架的特征

大多数人认为，财经素养教育标准框架应以“世界视野、中国特色”思想为指导，主要从以下六个方面进行研制。

第一，学生发展水平。以各学段学生应具备的学业水平及核心素养为指向，提取相应学段的道德与法治、经济与生活等课程所涉及的学习层级及财经知识内容，形成具有学生发展视野的财经素养教育标准重点。

第二，学科知识要素。以各学段学生应把握的基本财经知识为指向，依据经济学、金融学、会计学、财政学、企业管理学、保险学、国际贸易学、产业经济学等财经类相关学科国家级规划教材中的基本结构与核心基础内容，根据学生发展特点及素养特征予以整理、提炼，形成具有学科知识视野的财经素养教育标准重点。

第三，国家发展重点。以各学段学生应在不同程度上知晓的国家经济及发展状况为指向，从政府工作报告中聚类、整理出其所使用的重要财经概念及相关知识内容，形成具有国家发展视野的财经素养教育标准重点。

第四，社会经济现象。以各学段学生应了解的社会经济现状为指向，利用大数据分析方法统计出 2022 年媒体报道聚焦频率最高的前 100 条财经新闻，从中提取出财经概念及用语，并按词频高低进行整理，形成具有经济活动视野的财经素养教育标准重点。

第五，传统文化积淀。以各学段学生应传承的优秀传统文化为指向，采集中国传统文化中具有的优秀财经素养教育内容，形成具有优秀传统文化视野的财经素养教育标准重点。

第六，国际推进趋势。以中国各学段学生应与世界发达国家同学段学生拥有相一致水平的财经素养为指向，选取美国、加拿大、澳大利亚、新西兰等国家的财经素养国家战略或标准，以及经济合作与发展组织等国际组织制定的《青年财经素养能力框架》（*OECD/INFE Core CompetenCies Framework on Financial Literacy for Youth*）、《青年财经素养教育：学校的角色》（*Financial Education for Youth：The Role of Schools*）等文献为参考，形成具有国际视野的财经素养教育标准重点。

相较国外财经素养教育标准或框架而言，中国的财经素养教育标准框架应突出以下特点。

第一，更重视财经价值观的引导。国外财经素养教育标准大多把财经素养理解为学生打理个人财务的关键能力。财经素养不仅是知识和技能的获取，更重要的是形成财经价值观，而价值观的树立是影响人的行为的重要因素。教育应该当是立德树人，德育为先，帮助学生树立正确的财富价值观才是财经素养教育的根本诉求。中国财经素养教育标准框架坚持社会主义教育方针，重视让学生在财经素养教育中认识自我以及自我与国家、社会、世界的关系，理解贫穷与富有，理解赚取财富的根本动力与目标。

第二，更突出个体与社会、国家的经济关联。人并非一个单独存在的个体，而是社会中的人，个体的行为会对社会、国家产生影响，社会、国家发展与个人的成长有很大的关系。中国财经素养教育标准框架突出个体与社会、国家的关联，强化个体财经素养中必须包含个人的经济活动，但又格外重视学生对国家财政、世界经济的认识与理解，在中国特色社会主义进入新时代背景下开展财经素养教育。

第三，更彰显传统文化中的优秀经济思想。中国历史悠久，传统文化中的很多经济思想在现代社会依然有积极的意义，如“君子爱财，取之有道”“义利统一”等。中国财经素养教育标准框架根植于中华民族传统文化，培育和弘扬优秀传统经济价值观，并赋予其新的时代精神。在“五大维度”以及目标上，中国财经素养教育标准框架皆渗透了中国传统经济文化理念，彰显了文化自信和坚定的中国立场。

第四，更强调劳动创造财富的态度。新时代，人们的劳动观念发生了很大变化，一些人对劳动的理解出现偏差，出现了好逸恶劳、希望不劳而获等现象。中国财经素养教育标准框架强调劳动创造财富，引导学生树立辛勤劳动、诚实劳动、创造性劳动的理念。

第五，更强调个体对制度、规则的理解与遵守。制度、规则是营造相对公平公正环境的行为准则，是降低社会运行成本的重要手段，我们应积极理解制度规则的制定并遵守制度规则，当制度规则不完善时，适时推动其修改完善。中国财经素养教育标准框架专门设置了维度四“制度与环境”，以强调制度的重要性，教育学生遵守学生商业规范与经济规则，并要求学生了解国内的经济制度、宏观经济政策、金融政策和相关法律法规，知晓经济全球化背景和财经领域重要的国际规则，帮助学生理解遵纪守法及合法、合规赚取财富的重要性和必要性。

第二节　财经素养教育的标准框架研制

为了提升财经素养教育标准框架研制的科学性和合理性，我们借鉴国外财经素养教育发展经验，结合中国的实际情况，研究制定了具有中国特色的财经素养教育标准框架，并积极推动标准框架的使用。本节从财经素养教育标准框架的目标设定及基本原则、标准框架的维度架构、标准的研制及使用三个方面系统阐释了标准的研制，为开展财经素养教育活动提供通用框架和参考依据。

一、目标设定及基本原则

（一）目标设定

我们希望接受过财经素养教育的个体在进入社会经济生活时能够成为以下五个方面的

合格者，并最终成为合格的社会主义建设者和接班人。一是能够成为合格的劳动者，做一个自食其力的劳动者；二是成为合格的消费者，做一个成熟理性的消费者；三是成为合格的理财者，做一个诚信规范的理财者；四是成为合格的管理者，做一个保有财富的管理者；五是成为合格的创造者，做一个财富人生的创造者。"成为五个合格者"的财经素养教育目标，旨在帮助个体在人生不同阶段能够胜任经济生活中的不同角色，为个人幸福、家庭福祉、国家稳定和社会发展发挥应有的作用。

（二）研制原则

1. 坚持经济生活与学生发展规律的统一

依循个体参与经济生活的脉络展开财经素养教育，展现社会经济生活特点与学生阶段性发展特点的逻辑整合。财经素养教育不是让学生去学习系统的财经知识，而是针对学生未来经济生活的需要来开展教育活动。

2. 坚持传统与现代价值取向的融合

与西方把财富和道德二元分化不同，我国传统经济文化一直把经济与道德予以统合思考，相信财富不是独立于人之外的存在，而是人的价值的具体展现，从而形成了具有中国特色的义利观。财经素养教育一方面是要帮助学生形成正确的金钱观，鼓励学生将财富与幸福生活、社会责任统一起来。另一方面是坚持社会主义核心价值观、传统义利观和现代经济金融价值观相融合，将社会主义共同富裕的理想和符合世界发展趋势的成本效益、法治原则、创新精神，以及中国传统文化中的见利思义、以义取利、利济天下等思想整合起来，引领我国财经素养教育的价值取向。

3. 坚持个体与社会、国家经济活动的关联

财经素养教育标准在社会关系中关注个体的经济活动，将个体定义为个体—社会、个体—国家的关系，坚持个体与社会、国家经济活动密切关联的视角，认识到个体的财经素养不仅与个体的经济活动相关，也是个体对社会活动、国家发展的知晓、把握、理解与判断。因此，标准既要关照个体对自己经济生活的把握，也要关照个体对国家、社会等其他主体经济行为的认识与理解。

二、标准的维度架构

参考美国、加拿大、澳大利亚等国家以及经济合作与发展组织（OECD）、亚太经济合作组织（APEC）等国际组织有关财经素养教育标准的架构，结合我国基础教育课程标准的设计方式，以"世界视野、中国特色"思想为指导，研制组依循个体参与经济生活的脉

络，将财经素养教育划分为五个维度：收入与消费、储蓄与投资、风险与保险、制度与环境、财富与人生。从这五个维度出发，演绎出财经素养教育标准框架研制的思路及思考逻辑：维度、基本结构、基础要素及围绕要素应该具有的认知、技能和态度，进而形成中国财经素养教育标准“五维三标”框架。其中，“五维”逐步递进，层层升华，为学生搭建清晰的财经素养体系，引导他们合理认识劳动与经济事务，理解经济规划与制度，形成关于金钱、财富与人生幸福关系的正确思想。“三标”以了解知识与事实为起点，演进到获取方法与技能，再深化为形成观念与态度。“形成观念与态度”这一目标主要是针对不同维度内容中应该形成的、一定知识范畴内的特定观念与态度，而财富与人生维度则指向超越具体知识的范畴，从整个经济活动及其与人生发展关系的角度而言，个体所应获得的基本思想与境界。“五维三标”的框架为各学段通用结构见表3-1。

表3-1　中国财经素养教育标准框架各学段通用结构

维度	目标		
	了解知识与事实	获取方法与技能	形成观念与态度
收入与消费			
储蓄与投资			
风险与保险			
制度与环境			
财富与人生			

1. 收入与消费

收入与消费包括劳动与个人收入、个人消费与规划、政府收入与支出三个二级内容。该维度旨在让学生了解个人收入与消费的途径和方式，能够采取一定的策略管理收入和支出并制订相应计划，懂得勤劳致富、量入为出、适时规划、理性消费。同时，了解政府收入与支出的来源与用途，理解政府税收“取之于民、用之于民”的原则，知道应认真履行公民纳税义务。

2. 储蓄与投资

储蓄与投资包括货币与利率、储蓄与信贷、投资与收益三个二级内容。该维度旨在让学生通过了解货币的功能与转化，理解储蓄也是一种投资，掌握信用对于储蓄与投资所具有的重要意义。同时，能够借助对金融机构、经济信息、个人承受能力等方面的认识，解决一些个人投资及理财决策中的问题，并能够理性投资、审慎决策、敢于担当。

3. 风险与保险

风险与保险包括风险与管控、商业保险与社会保障两个二级内容。该维度旨在让学生了解个人与家庭可能面对的风险，知道风险管控的基本方法以及风险与收益的关系。同时，能够采取适当的方式预判风险、应对风险，应用符合成本效益的、恰当的风险管理策略，并提升保险意识，懂得通过不同的保险类型分担经济风险。

4. 制度与环境

制度与环境包括经济制度与体制、国际贸易与全球化两个二级内容。该维度涉及宏观经济制度和政策环境、国际贸易规则等内容，旨在让学生了解基本经济制度以及国际经济贸易环境与准则，能够运用财经相关法律法规维护合法权益，并懂得制度是一种契约精神，需要遵守、尊重及共同维护。

5. 财富与人生

财富与人生包括财富与个人家庭、财富与国家社会、财富与生命自然三个二级内容。该维度涉及财富与个人、财富与社会等不同层面，旨在让学生理解并相信财富与个体生活及生命的意义，财富与国家发展及社会责任的价值，并树立具有社会意义与人类价值的财富获取、财富管理、财富传承的价值观。

三、标准框架的研制及使用

（一）标准框架的研制过程

中国财经素养教育标准框架的研制依托中国财经素养教育协同创新中心学术委员会及高校的力量，采取“边研究、边咨询、边修改”的方式，通过文献整理、国际比较、通信咨询、问卷调查、座谈研讨等多种方法展开理论与实证研究。标准研制历经六次规模化专家函询，参与专家近 80 人、100 多人次，覆盖财经、教育等领域的专家学者、行政高管和企业人士。研制组分别在 2016 年和 2017 年两次中国财经素养教育论坛上公布了《中国财经素养教育标准框架》讨论稿，并广泛征求意见。

1. 开展专题研究，夯实研制基础

研制组开展了“财经素养教育理论研究”“财经素养教育政策国际比较研究”“国内外财经素养教育实践现状研究”等课题研究，为标准制定提供理论依据和背景式参照。研制组在充分参考美国《K－12 个人财经素养教育国家标准》（2015 版）、OECD《青年财经素养能力框架》及其他国家的财经素养教育框架等文献后，提炼经济学、金融学、会计学、财政学、企业管理学、保险学、国际贸易学、产业经济学等八个财经类相关学科的基本知识要素，结合政府工作报告中的经济关注重点、媒体高频显示的经济现象、学科课程大纲及教材等内容，依据不同学段学生的认知水平，研制出《中国财经素养教育标准框架》讨论稿（以下简称“标准框架讨论稿”）。

2. 进行专家函询，寻求专业指导

围绕该标准框架讨论稿，研制组先后进行了六次规模化的专家函询，将该标准框架讨论稿通过邮件发送给包括高等学校、行政部门、科研机构、财经媒体、行业企业等机构在内的专家学者，征求其意见，为标准研制提供专业化依据。

3. 举行专题座谈，广泛征求意见

研制组多次举行专题座谈研讨，就标准框架研制的相关问题进行意见征询。①召开专家研讨会，邀请财经领域、教育领域的学者，以及政府部门和行业企业的专家对标准框架讨论稿提出修改意见，重点讨论标准取向、基础观念及内容取舍等问题。②召开业界座谈会，邀请来自全国各地的幼儿教师、中小学教师、教研员、大学教师等，从学生接受度的角度对标准框架讨论稿进行研讨，重点讨论学段内容渐进、深浅程度及表达方式等问题。③研制组召开讨论会，研制组核心成员多次召开研讨会，综合、讨论、抉择各方意见，对标准框架的指向、内容、表述等进行不断修改与完善。

4. 实施问卷调查，了解学生需求

研制组于2016年和2017年两次对参加全国中学生财经素养大赛的高中生进行了问卷调查，了解高中生对财经素养教育的理解与需求以及对财经素养教育标准框架的看法。两次问卷调查的结果都显示，高中生对财经素养及财经素养教育已有认识，且其认知与研制组定义的财经素养概念范畴、维度内容覆盖及思想取向高度吻合。

5. 组织实地调查，听取教师意见

研制组先后在北京、南京、成都、广州、南宁等地开展实地调查，同大中小学和幼儿园教师、校（园）长、教研员进行座谈和个别访谈，了解不同地区、不同层次、不同类型的学校对财经素养教育的理解和对标准讨论稿的意见。调研发现，他们普遍认为开展财经素养教育具有重要意义，有必要制定财经素养教育标准，为提高、监测财经素养教育活动质量提供参考与保障，并且他们结合学校教学实际，为标准框架讨论稿提供了修改意见和建议。

6. 不断循环修改，反复完善内容

研制组充分吸纳来自相关领域专家学者、政府部门管理者、行业企业人士以及大中小学及幼儿园教师、家长、学生等相关人士的意见，综合理论与比较研究成果，在对多方意见和建议进行汇总、分析与权衡的基础上，研制组不断对标准框架讨论稿的价值取向、思想内容、学段递进程度、语言表述等方面进行细化和修订，并穿插运用有针对性的个别化函询、调研、小组研讨、深度访谈、标准测试等多种方法，力求使标准框架尽可能地贴近各学段特点，最终形成《中国财经素养教育标准框架》。

（二）标准的使用

标准是一种通用框架，旨在促进财经素养教育实施基准的相对一致、质量参照的相对统一。鉴于我国不同地区经济发展水平不一，学校发展情况各异，包括不同学校对财经素养教育的重视程度、开展财经素养教育活动的时间、学校相关师资力量和教学条件、学生现有财经素养水平等都存在差别的现况，各地、各校、各机构应根据实际情况对通用框架做出相应学段、内容、程度等方面的调整。

目前，中国财经素养教育协同创新中心依据《中国财经素养教育标准框架》的内容，开展了理论研究和实践探索。在理论研究方面，该中心组织学校编写了《中国财经素养教育系列丛书》，包括学生用书和教师用书两个系列，覆盖幼儿园、小学、初中、高中（普通高中、中职）、大学（高职、本科）5 个学段、2 种类别，是国内首套系统的财经素养教育系列丛书。同时，该中心也积极开展财经素养教育的评价研究等。在实践探索方面，中国财经素养教育协同创新中心依托《中国财经素养教育标准框架》对教师开展有关框架解读的培训活动；区域依托地方教科院所开展财经素养教育的实践探索，通过课题研究、专题研讨、示范课观摩、组织比赛等方式，在区域层面推进财经素养教育；学校依据《中国财经素养教育标准框架》开展教学实践活动，形成了《中国财经素养教育的学校实践》一书，在财经素养教育与学科教育的融合、财经素养教育主题活动设计等方面不断探索实践创新。

第四章　财经素养教育的教学实施

有效开展财经素养教育需要在正确把握财经素养教育的行动逻辑、基本原则与主题内容的基础上，恰当选择教学形式，科学运用教学方法。与其他学科不同，财经素养教育具有综合性和实践性较强的特征。那么，在学校教学中应该如何开展财经素养教育呢？本章从实践的角度研究财经素养教育的教学样式和基本方法，为学校开展财经素养教育提供参考。

第一节　财经素养教育的教学样式

基于财经素养教育的重要性及财经知识的学科性、复杂性和系统性，学校应该成为开展财经素养教育的主要场地。在学校财经素养教育教学中，如果单一地采用“教师教、学生学”的知识授受型教学形式，容易导致课堂教学枯燥、乏味和学生学习积极性不高。同时，由于各学段学生的年龄和心理特征存在差异，财经素养教育的主题内容也有所不同。因此，要提高学生在财经素养学习过程中的积极性，教师需要依据教学目标与教学内容因材施教，综合应用不同的教学形式开展教学。

一、独立开展专题教学

专题教学就是打破传统教学中按章节施教的教学方法，按照具体教学内容特点和教学目标差异，将课程内容重新组织后以专题、模块或项目的形式展开。简言之，主题教学是以专题的形式组织材料、整合教材，并有针对性地按需组配组织教学。专题与专题之间要独立，便于灵活开展活动；专题不适合划分太细，要包含必要的知识点，强调知识的综合和知识的储备。中国财经素养教育协同创新中心组织编写并出版的“中国财经素养教育系列丛书”，在教材内容上，幼儿园和小学学段是围绕某个主题以故事形式编写的读本，便于各学段教师以综合实践活动课程为阵地，围绕具体的专题组织教学活动；其他学段仍是以章节形式编写的教材，教材每章都对应一个主题，便于教师以专题形式开展教学。

开展专题教学主要两种形式：①现实生活式主题教学。该形式的主题教学要求教学中教师要引导学生联系生活，用所学的财经知识和所具有的财经思维、财经眼光去看待、思考现实生活。②问题焦点式教学。该形式需要教师提出具有探讨价值的问题，通过学生自主探究解决问题，主要包括创设主题情景、提出问题、解决问题与教学互动、知识演练与学生反馈、课外延伸几个环节。专题教学需要教师深度把握教材内容，在整合前后教学内容的基础上，形成知识内容紧密联系的教学专题，并通过设计恰当的案例或问题引导学生自主学习、探究思考，形成对该专题内容的全面把握。该教学形式具有较强的灵活性，能够帮助学生将抽象的财经知识与现实生活联系起来，有助于增强学生对财经知识的学习兴趣和提高学习效率。

二、学科融合教学

学科是按知识性质划分的门类。综观任何一门学科，只要用心阅读、深入挖掘，都能找到其他学科的“影子”，都能发现其他学科知识的参与。要全面深入地研究一个问题、认识一种事物，需要从不同的角度切入，从不同的学科视角分析。这就决定了学科融合的教学方式在知识经济时代的重要性越发凸显。学科融合的教学方式是以问题为导向，其出发点是解决现实问题，其归宿也落在现实问题的解决上。

目前，我国还没有统一要求学校开设专门的财经素养教育课程，学科融合成为财经素养教育的重要教学方式。一般而言，学科融合包括学科内部融合、学科间融合、学科与生活融合三条途径。财经素养教育学科内部融合是指财经素养教育作为客体嵌入其他学科内部。财经素养教育学科间融合是指财经素养教育作为客体嵌入其他多个学科之中，例如在语文课和数学课中共同研究“校园贷”问题。财经素养教育学科与生活融合是指财经素养教育嵌入学生真实的生活体验中来。在财经素养教学过程中，教师要综合运用多学科知识内容，既可以在语文、数学、科学、政治、历史等任何一门学科教学中渗透财经素养教育，也可以将多学科知识融合并整合到一堂课堂中进行。财经素养教育要充分考虑财经问题的综合性和复杂性，突破学科知识界限，鼓励学生大胆创新，进行多学科多角度分析和思考问题。需要注意的是，教师都有各自的学科背景，在教学中会自觉或不自觉地从本学科出发来组织材料、认识问题。多学科融合的教学方式，就是要让教师打破各自的知识结构，将多学科知识重新组合，横向和纵向厘清知识之间的逻辑和联系，重新构建新的知识结构。财经素养教育通过学科融合的教学方式，有利于让学生学会融会贯通以形成立体的思维方式。

三、综合实践活动教学

教育部发布的《中小学综合实践活动课程指导纲要》（2021 年修订版）中明确指出，综合实践活动课程的总目标是使学生能够从个体生活、社会生活以及与大自然的接触中，获得丰富的知识和实践经验，初步形成并逐步提升对自我、社会和自然三者之间的内在联系的整体认识，培养学生责任担当、价值体认、创意物化和问题解决等方面的意识和能力。对应综合实践活动课程的目标，综合实践的教学方式则是强调以学生的亲身经历和体验为核心，以主题的形式整合、开发课程资源，有效培养学生的问题意识、探究精神和综合实践能力。尤其注重学生多样化的社会实践学习，如调查、访谈、操作、探究、劳动和技术实践等。学生通过对问题的亲身感知、认识、体验、探究，达到知识与技能、过程与方法、情感态度与价值观三个方面目标的整合，最终使实践教育从外在实施转为学生的自我教育，并逐渐演化为外显的具体行为。

综合实践课具有感知性、体验性和探究性，可以较好地实现财经素养教育目标，是财经素养教学活动中常用的教学形式。首先，财经素养教育重视价值引领，综合实践通过学生的亲身体验，能够将学生拉进“准社会”状态，体验生活的意义。其次，财经素养教育强调个体与社会、个体与国家的联系，而财经素养教育综合实践课可以通过购物活动、跳蚤市场、社区服务等活动让学生从生活的“脱域”状态回归。最后，财经素养教育要让学生懂得劳动与财富的关系，而综合实践课所强调的劳动教育要让学生通过情景体验认识劳动及其价值。比如，财经素养教育中的财富创造与社会责任的主题内容就可以采取综合实践的教学形式，设计财富创造的主题调研，让学生分组在社区进行调研，了解财富的多少与个人幸福的关系，并撰写调查小报告后分组汇报。通过与不同职业的劳动者的面对面访谈调查，不仅可以让学生最真实地了解不同职业的人的工作状态，了解不同人群对财富的理解，对职业与个人幸福的认识，有助于形成正确的财富观、价值观，还可以让学生亲身体验职业劳动，感受不同劳动的工作内容及意义，以树立职业理想。

四、班会活动教学

班会是在教师指导下或学生自发的，以班级为单位，围绕一个或几个主题，组织对全班同学开展教育的活动。班会活动的开展没有内容的限制，既可以为专门解决班级当下存在的问题而召开，也可以就某项教育展开，也称“主题班会”。主题班会形式灵活，因此也常常和项目学习、综合实践教学策略相结合。主题班会召开的步骤一般为：①确定要讨论的主题，该主题是具有讨论意义的；②开放式提出解决问题的构想，鼓励学生积极发言，且确保尽可能多的学生都能分享观点；③综合学生的意见，在大家都认同的基础上找到解决方案；④形成书面材料。

从主题班会召开的形式看，财经素养教育中一些有辩论价值的话题适合采用主题班会的形式进行。比如，小学阶段的劳动、职业与收入主题，就可以设计“长大我要当什么”的主题班会，让学生提前了解父母的职业、调查社区周围的人的职业与收入，提前思考并在班会上积极讨论发言，让学生通过亲身的调查访谈和体验感受不同职业的劳动付出和价值，以树立劳动光荣、不以收入高低评价劳动贵贱的价值观。再比如，初中阶段关于理性消费的主题，可以设计“我的钱由我做主”的主题班会，让学生摆出当前的不正确的消费形式，如夸张消费、炫耀消费、攀比消费等，让学生在质疑、辩论、反思后形成合理的消费观。可见，通过主题班会的形式开展财经素养教育，能够让学生在思想的自由交流与碰撞中重塑情感态度价值观。

五、社团活动

学校社团活动的开展是学生学习的第二课堂，能够充分拓展学生的知识体系，有效提升学生综合素质，培养和发展学生综合能力，是对课堂教学的充分补充，也是全面推动素质教育的重要内容。目前，在基础课程的教学安排相对紧凑的情况下，无论是对于中小学还是对于高校，通过社团活动弥补财经素养教育课时不足都是推进财经素养教育的重要形式。

组建财经类社团可以拓展财经知识学习的广度与深度，有助于提升学生对财经素养活动的兴趣。从实践层面看，财经社团活动的开展可以通过举办财经知识讲座、财经辩论赛，让学生参加财经知识竞赛，参观银行及金融机构等让学生深入学习财经知识；也可以组织学生参与社会上有关热点财经问题的调研活动，将自身所学到的财经知识运用到社会实践中来，并尝试解释、解决社会中存在的问题。总之，财经社团活动的开展弥补了在课堂教学中开展财经素养教育时间和内容有限的局限，为了推动财经素养教育提供了灵活、自由、高效的学习方式。

以上仅列举了几种常用的教学形式，在具体的财经素养教学活动中，教师可以根据具体的教学目标、内容及场景，灵活选择其中一种教学形式或综合运用几种教学形式开展教学。教无定法，无论选择何种教学形式开展财经素养教育，其目的都是运用恰当的教学形式，达到提升学生财经素养的目的。

第二节　财经素养教育的基本方法

与传统学科教育相比，财经素养教育具有综合性、实践性较强的特征。财经素养教育的基本方法也与传统学科教育有所不同，其主要采用生活式教育、情景式教育、体验式教育、讨论式教育、探究式教育、案例式教育等形式，更突出学生在财经素养教育中的主体地位。由于财经素养教育主题内容丰富、覆盖不同学段，因而在具体实践中需根据具体主题内容和学生特征合理选择并综合运用这些教育方法。

一、生活式教育

财经素养教育可以与学生的日常生活密切结合。生活式教育是指在设计、组织、实施财经素养教育活动的过程中，把教育内容与学生的日常生活、感性经验联系起来，把富有教育价值的生活内容纳入财经素养主题课程及实践活动。具体而言，生活式教育法包括三个方面的内容。第一，财经素养教育教学资源可来自学生的生活，如日常生活中的消费购物、储蓄、防范网络诈骗等话题均可作为财经素养教育的主题活动。第二，生活式教育需从学生对生活的感知和经验出发进行有针对性的教育，如不同阶段的学生对消费资料的需求有很大的差异，要基于学生本身和所处的环境进行生活式教育。第三，财经素养教育可通过创设将生活化的场景移植到课堂中，使教学的内容与学生生活有更近的距离，易于学生接受，避免灌输式培养。生活式教育强调财经素养教育根植于生活，从生活中获得直接的经验。

二、情景式教育

情景式教育是指在开展财经素养教育活动过程中有意识地引入或创设具有一定情绪色彩、以形象为主体的生动场景。例如，在课堂教学中引入经济活动相关案例场景，引起学生的情景融入，激发学生情感。情景式教育可以分为热点问题情景法和角色扮演情景法。热点问题情景法是将学生熟知或感兴趣的热点问题引入教育过程中，将学生置身于热点问题发生的现场，引发学生思考自身在当时的真实场景中会做出怎样的选择，从而激发学生的学习兴趣。角色扮演情景法通过角色扮演创设场景，通过角色扮演让学生更好地融入教育教学中，在角色饰演中丰富相关经验。情景式教育更强调情景的创设，并不强调在真实生活场景中获取直接经验，而侧重在创设的情景中激发学生的情感和兴趣。

三、体验式教育

体验式教育是教育者依据教育的目标和学生的心理、生理特征以及个体经历创设或选择一定的相关情景，组织学生在其中进行体验，引导学生感悟、体会、反思、实践，通过自我认识、自我修正、目标内化，从而形成个人的财经价值观，在反复体验中积淀个人的经济生活经验，提升学生的财经素养。体验具有过程性、亲历性和不可传授性，是充满个性和创造性的过程。从心理学角度讲，体验是“理智的直觉”，是一种建立在个体“内部知觉”基础上的特殊活动。它是与个体的自我意识紧密相连的。

体验式教育坚持“间接体验—直接体验—反思体验—体验内化”等体验方式的结合。其中，间接体验是采用模拟的社会和生活，为学生设计多个角色，模拟相应的情景，让学生去进行体验。直接体验是让学生克服过去预想不到的困难去完成相关活动，从亲身参与中获得感知和感悟。反思体验是引导学生对体验中的心理感受、情感体验、行为变化、活动过程及效果等进行深层次思考，强化体验效果，促进自我认识与评价。体验内化是体验反思的深化和提升，强调要明确体验活动的外部行为与内部过程之间的关系，借助外部活动促进、深化内部体验。体验可以促使学生广泛接触社会，品味劳动的艰辛，体验人间的温情，增强社会责任感。

体验式教育、情景式教育二者之间既有相似之处又有所区别。体验式教育侧重过程性和亲历性，从内容上看，既可以体验日常生活（与生活式教育类似），也可以体验模拟的成人世界、国际谈判等与日常生活有一定距离的情境。情景式教育侧重情景的构建，可以用图片、声音等将学生带入虚拟的情景。然而，虚拟或描述中的情景则不具备“亲历性”这一条件。

四、讨论式教育

讨论式教育是指教师在分析教学目标的基础上精心设计某一问题，并指导学生在讨论中各自发表意见，以寻求问题的答案，从而使学生的能力得到锻炼的一种方法。我们可以把讨论式教育看作一种教学方法或一种学习方法。从学生的角度看，一是可以培养学生的表达能力、批判能力、自学能力、合作能力和自我认知能力；二是可以使学生改变保守的学习心态，体会到分享的快乐；三是可以培养学生的团体意识和合作精神，并促进学生之间的友谊；四是可以加深学生对财经知识的理解，并能很好地应用所学的知识。从教师的角度看，一是有利于改善师生之间的关系，使师生关系更融洽，让教师可以真正成为学生的良师益友；二是有利于教师角色的转变；三是有利于改善课堂气氛，使学生的思维充分地活跃起来，从而更好地达成教学目标。

财经素养教育内容贴近生活、包罗万象，教学材料具有较强的开放性。教师在教学实践中可选取恰当的主题组织学生讨论，启发学生对财经现象和财经问题进行思考，引导学生寻求解决问题的途径。讨论式教育侧重以问题引导学生思考，通过讨论促进思维碰撞，促使学生在交流中寻找答案。

五、探究式教育

“探究”顾名思义，是“深入探讨、反复研究”的意思。“探究”强调的是对现存问题的把握。美国的《国家科学教育标准》（*National Education Standards*）对“探究”给出的定义则是“探究是一个多层面的活动，需要观察事物、提出问题、查阅书刊和其他信息资源、设计调查和研究方案、运用各种手段来收集、分析和解释数据、提出答案、解释和预测、对所做解释加以检验以及同他人交流结果”。探究活动源于主体对现实世界理解的兴趣，以对现实问题的关心为贯穿始终的主线，最后以主体自身采取行动去亲历一个完整的探索研究流程来满足兴趣和解决问题。

探究式教育是以探究为主的教学。“具体地说，它是指教学过程是在教师的启发诱导下，以学生独立自主学习和合作讨论为前提，以现行教材为基本探究内容，以学生周围世界和生活实际为参照对象，为学生提供充分自由表达、质疑、探究、讨论问题的环境，让学生通过个人、小组、集体等多种解难释疑的尝试活动，将自己所学知识用于解决实际问题的一种教学形式。”探究式教育强调的是综合运用多种方法解决实际问题，与其他方法相比，探究式教育具有明显的综合性特征。

财经素养教育具有较强的实践性，对学生的自主学习能力、解决问题能力都有一定的要求。财经素养教育教师或相关教育工作者可将探究式教育的方法应用于财经素养教育实践，将经济生活中的实际问题设置为实践活动研究的主题，引导学生根据所学财经知识与技能提出解决问题的路径和方案。

六、案例式教育

案例式教育是指在实施教育的过程中，施教者根据教育所要达到的目的和需要，通过对具有典型意义的具体情境的描述，来引导、启发受教育者对这些特殊情境进行讨论、分析，从而达到提高受教育者理论思维能力、分析判断能力、面对复杂情境的决策能力和行动能力的一系列教育方式的总和。案例式教育的特点是：第一，真实性。案例式教育依托于一个贴近现实的案例。第二，参与性。案例式教育对受教育者的教育方式是体验和实践，强调受教育者对案例的参与性。第三，思考性。调动受教育者进行独立思考和换位思考是案例式教育的显著特点。第四，有效性。案例式教育的有效性在于引导受教育者通过自己的思考和分析来做出正确的判断。

在财经素养的案例式教育中，对案例有以下要求。

（1）真实可信。案例是为教学目标服务的，因此它应该具有典型性且应该与所对应的财经理论知识有直接的联系。它一定是经过深入调查研究，来自实践，绝不可由教师主观臆测，虚构而作。为此，教师要亲身经历，深入实践，采集真实的案例。例如，精心挑选与主题教学相关的财经新闻、商业司法案件、生活中的真实事例等作为案例。

（2）客观生动。真实固然是前提，但真实的案例不能是一堆事例、数据的罗列。教师要摆脱乏味教科书的编写方式，可采用场景描写、情节叙述、心理刻画、人物对白等，营造气氛，提示细节。但案例描述不可暴露案例编写者的意图，更不能由此产生导引结论的效果。案例可随带附件，诸如案例中企业的有关规章制度、文件决议、合同摘要等，还可以补充报表、台账、照片、曲线、资料、图纸、当事人档案等相关图文资料。

（3）结果多样化。案例应该只有情况没有结果，有激烈的矛盾冲突，没有处理办法和结论。后面未完成的部分，应由学生去决策、去处理，而且不同的办法会产生不同的结果。假设一眼便可望穿或只有“一好一坏”两种结局，这样的案例就不会引起争论，会使学生失去兴趣。从这个意义上讲，案例的结果越复杂越具有多样性，也就越有价值。

（4）紧扣教学内容。案例分析的目的是使学生加深对所学理论知识的理解和运用理论知识解决实际问题的能力，因此所选案例必须是针对课程内容的。

（5）具有一定的代表性和普遍性。案例的运用应具有举一反三、触类旁通的作用。典型的案例往往涉及的关系比较全面，涵盖的知识较多，有助于学生从各个方面对所学理论加以验证，从中得出正确结论。

总之，以上六种教育方法并不是完全独立的，而是互相联系、各有侧重，共同构成财经素养教育的基本方法。在教学实践中，这六种方法既可以单独使用也可以综合运用，需根据财经素养教育的对象和内容进行选择。例如，幼儿园阶段关于生活中危险因素的内容适合采用情景式教育，通过声音、图片、视频等多媒体技术向幼儿展示生活中的危险情景及危险发生后的后果，但不宜使用体验式教育。初中阶段关于市场交易相关内容可以综合使用体验式教育、情景式教育、探究式教育等方法，组织学生到农产品市场、超市、商场等购物，在校园中设置“跳蚤市场”“爱心义卖”等活动，还可以设置与市场交易有关的主题，针对具体的市场交易案例展开讨论等。在具体实践中，教师应综合考虑学生身心发展情况、已经具备的财经知识与技能、认知水平以及主题教育的具体主题内容等，对主题教学进行整体规划和安排，恰当选择每个部分的具体方法。

第五章　教师的财经素养教育能力

财经素养教育在我国是一个相对新的领域，目前很多学校并没有做好开展财经素养教育的准备。其中，师资力量的严重不足（包括数量规模和专业结构的不足），是当前学校开展财经素养教育的最大障碍。那么，开展财经素养教育对教师的能力有哪些要求？教师的财经素养教育能力的构成及发展模式究竟如何？在实践中应该怎样帮助教师提升和发展这些能力？本章理论研究教师财经素养教育能力的内涵、构成及发展模式，构建教师财经素养教育能力框架，在此基础上，通过实践案例总结梳理个体和学校提升教师财经素养教育能力的策略，为财经素养教育的研究者和一线教师提供参考。

第一节　教师财经素养教育的能力框架设计

本节介绍了七种典型的能力模型和教师能力模型，分析这些模型的特点，构建研究的理论基础。在典型模型的基础上，结合财经素养教育的特征及我国开展财经素养教育的实际情况，设计并构建教师财经素养教育能力框架，目的是通过能力框架的构建和阐释厘清教师财经素养教育能力的要素构成、要素间关系及发展模式，更加科学、有效地指导教师提升财经素养教育能力。

一、理论依据

一般而言，我们使用能力模型（或能力框架）描述某一特定岗位需要具备的能力要素及这些要素的相互关系，能力要素包括影响个体成功的所有重要的知识、技能和行为等。

目前，学术界有代表性的能力模型主要是美国心理学家麦克利兰提出的冰山模型和美国学者查德·博亚特兹构建的洋葱模型。除了基本模型，研究者聚焦教师能力从不同角度出发构建了莫莱纳教学能力模型、教师核心能力齿轮模型、教师核心素养和能力双螺旋结构模型、教师教育实践能力培养模型等理论模型和框架。这些研究为教师财经素养教育能力框架的构建提供了理论依据和设计参考。

（一）冰山模型

冰山模型（见图5－1）主要由两部分组成：一个是"露出水面的冰山一角"代表的知识、技能是职业能力素质的外在表现，属于容易被发现的部分，便于测量和量化，能够在后续的学习和培训中得到发展和提升。另一个是"水面以下的冰山"代表的是自我观念特征、动机及个人特质等能力素质的内在表现，不容易发现或难以获取，但可能是最关键的部分。这部分能力素质是属于深层次的，具有相对的稳定性，可以通过培训形成相应的经验，并在培训过程中在一定程度上引导人们行为。

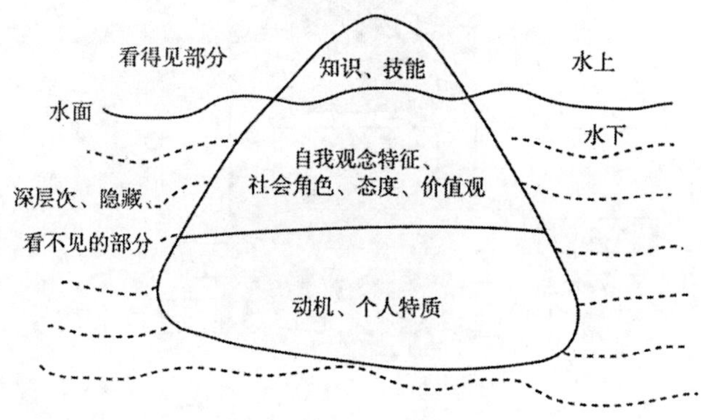

图5－1 冰山模型

（二）洋葱模型

基于冰山模型，查德·博亚特兹进一步构建了"洋葱模型"（见图5－2）。虽然与冰山模型具有相同的五个职业能力基本要素，但是洋葱模型更加突出了职业能力核心要素的重要作用，强调核心要素是影响职业能力的关键，在很大程度上决定技能水平和发挥的效果。同时，洋葱模型更加鲜明地体现了职业能力各要素之间的层次关系，要素间的联系是分析和研究的重点。洋葱模型的中心是动机和特质，中间层是自我观

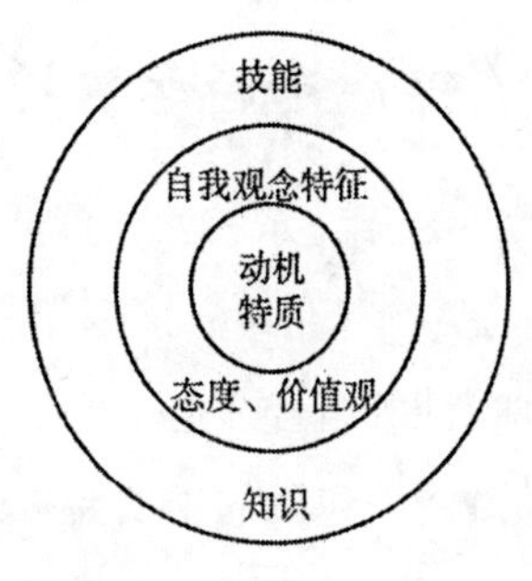

图5－2 洋葱模型

念特征、态度和价值观，最外层是知识和技能。

（三）莫莱纳教学能力框架

莫莱纳（Molenaar）等学者以医学教师为研究对象，构建了教学能力框架（见图5-3）。该模型包括三个维度：第一个维度是教学领域，包括开发、组织、执行、培训、评价、评估六个领域；第二个维度是组织层次，分为微观（教学）、中观（合作）、宏观（领导）；第三个维度是能力构成，分为知识、技能和态度三个类别。尽管这一模型针对医学教师设计，但是该模型具有综合性强、层次清晰等特征，可以为其他学科教师能力框架的构建提供启示。

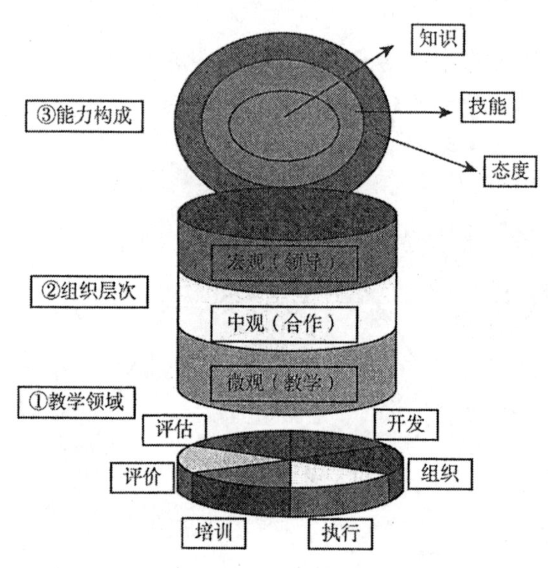

图5-3　莫莱纳教学能力框架

（四）东南亚教师能力框架

2018年，东南亚教育部部长组织和泰国教师委员会联合发布了《东南亚教师能力框架》（见图5-4）。该框架将教师能力定义为能使工作表现有效或更好的技能、知识、行为和特性的组合。这一框架提出教师的能力结构为：关键能力——一般能力—使能能力，其中关键能力包括的4项要素，分别是了解并理解我所教的内容、帮助我的学生学习、融入社区、每天成为更好的教师。每个关键能力下面包含3项一般能力，共计12项一般能力。每一项一般能力又包含数量不等的使能能力以及具体的成功行为描述，总计31项使能能力和136项成功行为描述。

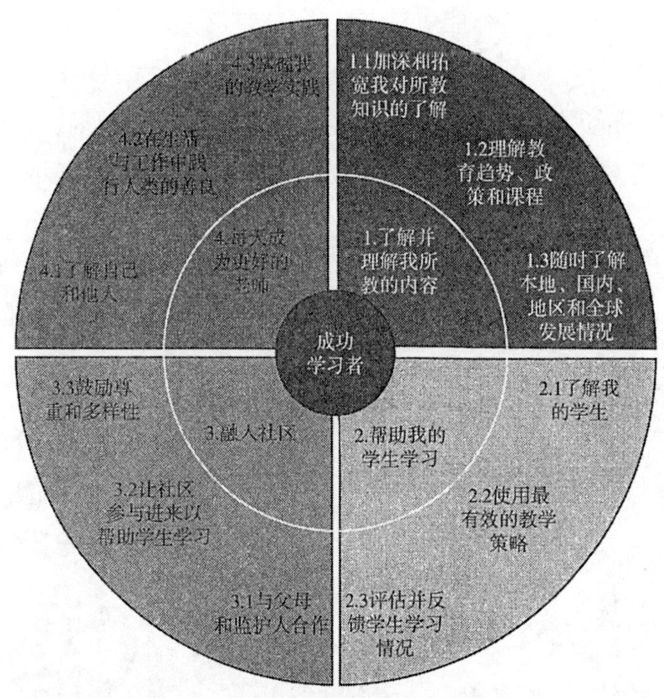

图 5-4 东南亚教师能力框架关键能力和一般能力结构

（五）教师核心能力齿轮模型

王光明等学者提出教师的能力涵盖“核心能力”与“非核心能力”。其中，教师核心能力是教师能力的核心组成部分，起着统领作用。他们认为，教师核心能力的构成要素包括教育教学能力、学习创新能力和沟通合作能力。教师核心能力齿轮模型（见图 5-5）包括三个啮合齿轮，分别代表上述三种能力要素，每个齿轮都可以看作主动轮，带动其他齿轮转动，齿轮间的啮合关系代表三种能力要素相互促进、合作发展的耦合关系。

图 5-5 教师核心能力齿轮模型

具体而言，教育教学能力呼应的是教师与学生关系，是方向类能力，有利于促进教师成为“专业的教育人”。沟通合作能力呼应教师与同事、家长及其他人的关系，为教师教育教学能力的提升提供保障，是保障类能力，促使教师成为“共赢的教育者”。学习创新能力呼应的是教师与自我的关系，是动力类能力，为教师专业发展提供动力，促使教师不断革新，推动教师超越“教育者”和“教育人”的形象，成为创新型的新时代教育家。

（六）教师核心素养和能力双螺旋结构模型

王光明等将教师核心素养与能力相结合，构建教师核心素养和能力的结构体系。教师核心素养和核心能力的结构要素包括政治素养、道德素养、文化素养、教育精神、教育教学能力、教研和创新能力、沟通和合作能力、学习和反思能力。四大核心素养和四大核心能力类似DNA的糖—磷酸和碱基，教师教育、日常教学和教研活动等类似DNA的酯键，教师核心素养和能力通过这些酯键交替连接而成，互联互通，实现教师核心素养与能力的双重螺旋、多向耦合，围绕“立德树人”这个轴心旋转，形成教师核心素养和能力的双螺旋结构模型（见图5－6）。

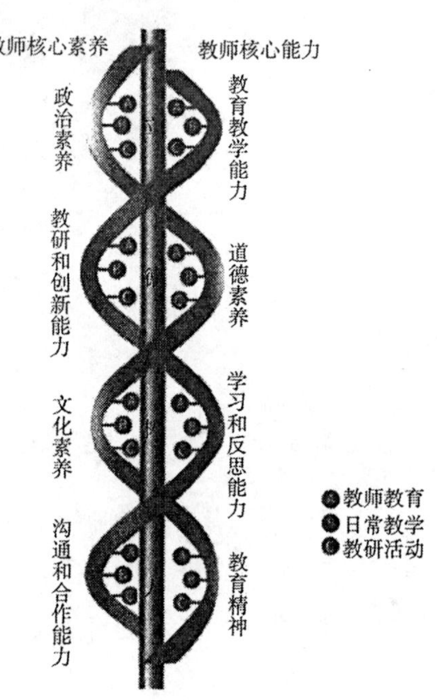

图5－6　教师核心素养和能力双螺旋结构模型

（七）教师教育实践能力培养模型

教师教育实践能力培养模型（见图5－7）呈现教师教育实践能力循环发展的过程，具体表现为“授课实践—探究实践—反思实践”，再螺旋上升到更有效的授课实践……理想的状态是不断循环上升。当教师在授课实践中面临需要解决的真实问题时，通过探究实践与反思实践不断对授课实践进行质疑、补充、改进和修正。该模型体现了教师学习者在指导教师的帮助下根据实际情况自我调整、自我修正和自我完善的过程。教育实践能力培养方式按照循序渐进、逐步深入的方式推进。

以上七种模型从不同角度对教师能力进行了阐释，具有不同的特征和侧重点，对教师财经素养教育能力框架的构建提供了有益启示。其中，冰山模型和洋葱模型是基本模型，并未针对教师这一特定岗位。这两个模型对能力进行了明确层次划分并分析了不同层次之间的相互关系。其他五种教师能力模型均是以此为基础进行设计和构建的。莫莱纳教学能力框架是一个综合性较强、较为复杂的模型。该模型向我们展示了一个超出教师个体层面的体系，将教师能力从教学领域延伸到更加宏观的合作和领导能力。东南亚教师能力框架从关注教师“自我”的角度出发，将教师能力细化为可操作的若干要素及行为。教师核心

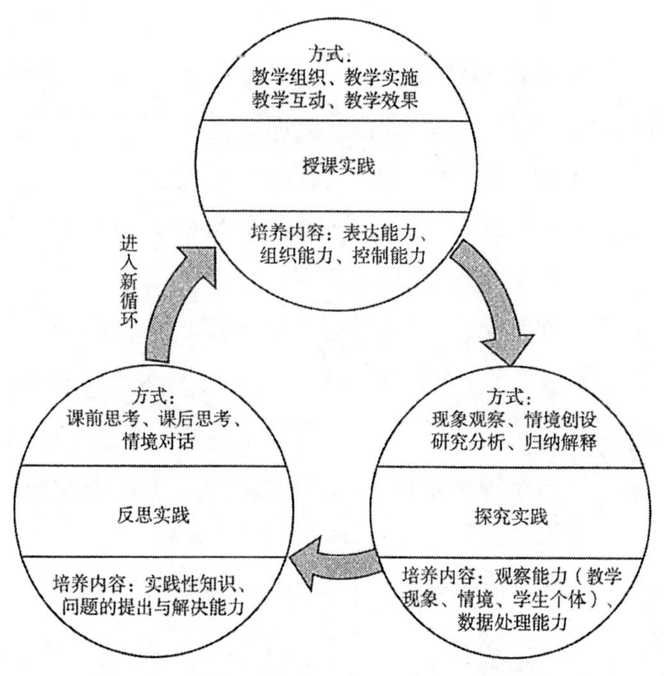

图5－7　教师教育实践能力培养模型

能力齿轮模型强调学习创新能力、沟通合作能力与教育教学能力同等重要，但三种能力发挥的作用有所区别。教师核心素养和能力双螺旋结构模型将素养与能力相结合，模型讨论的能力要素范围更加广泛。此外，这一模型将教研和教学能力区分开，不再归属为同一种能力。教师教育实践能力培养模型并不是单纯关于教师能力本身的模型，而是重点阐释了教师能力的发展过程，为教师能力的培养提供参考。

二、教师财经素养教育能力框架

我们在现有教师能力模型的基础上遵循财经素养教育的规律和特点，探索形成教师财经素养教育能力框架（见图5－8）。该框架包括五种主要能力要素：自我学习、协同研究、资源整合、有效教学、反思改进。这五种能力要素既相互独立又彼此促进，整体形成教师的财经素养教育能力系统。

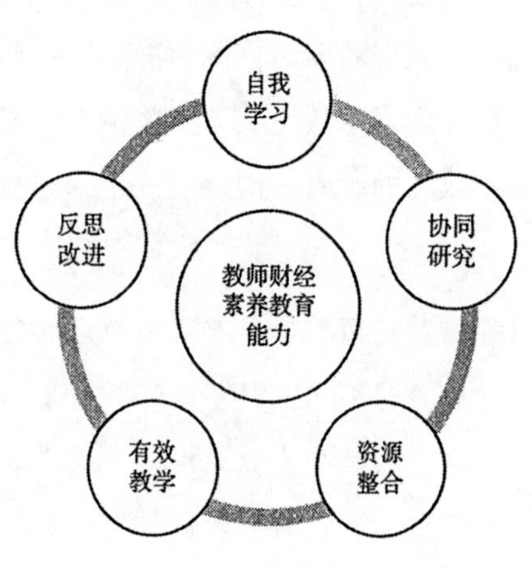

图5－8　教师财经素养教育能力框架

1. 自我学习

自我学习是财经素养教育教师必备的能

力要素，教师只有不断更新自己的教育理念、专业知识与技能，才能在快速发展的时代胜任财经素养教育工作。自我学习是以教师个人为主体的能力，为教师开展财经素养教育提供原动力。教师自我学习的内容包括以下三个方面。

第一，财经素养教育基本知识及其相关学科知识，包括有关财经素养教育的概念内涵、理念、目标、方法等基本知识以及与财经素养教育相关的经济学、金融学、会计学、财政学、企业管理、国际贸易学等学科的基础内容。

第二，开展财经素养教育活动和研究所需的教育学科知识和技能，如教育原理、心理学、教学论、学习论、班级管理、现代教育技术等。

第三，与财经素养教育教学相关的实践技巧，如导入、强化、发问、课堂管理、沟通与表达等技巧。苏霍姆林斯基强调教育是创造性的劳动，教师要精通自己所教学科。然而，目前我国基础教育阶段的大多数学校几乎没有精通财经学科的专业教师，而自我学习能力对于财经素养教育教师尤其重要，是开展财经素养教育教学和研究的基础。

2. 协同研究

协同研究是联合其他教师一起研究设计教学的能力。财经素养教育具有较强的综合性和融合性特征。这也决定了开展财经素养教育需要利用不同学科、专业和岗位的优势，发挥团队合力，充分探索财经素养教育相关规律，实现教学和实践活动设计的不断创新。协同研究的主体不仅包括教师个人，还包括从事财经素养教育的其他团队成员，更包括来自不同学科、不同专业背景、不同岗位甚至不同学校和地区的教师。协同研究的内容主要是：研究财经素养教育相关知识；研究并设计财经素养教育教学的具体内容及环节，包括课程设置、教育教学设计、教学的组织与实施、激励与评价等；研究并解决开展财经素养教育过程中遇到的问题；探索进一步提升财经素养教育水平和质量的策略。协同研究需要教师自觉处理好与其他成员的关系，形成团结、互助、友爱、和谐的团队氛围，共同完成财经素养教育的研究工作。

3. 资源整合

资源整合是指教师寻求实施教学的各种场地、设备、信息等多种资源支持的能力。与大多数学科教育不同，财经素养教育不仅需要在学校进行，还需要开展广泛的社会实践活动，联合家庭、社区、金融机构、大学等研究机构、博物馆、政府部门等共同开展相关教学及实践活动。这就要求教师具有一定的资源整合能力，将符合经济社会发展需要的、有利于培养学生财经素养的优质教学资源整合在一起，如寻求大学等研究机构的专业指导，与博物馆、展览馆合作寻求场地支持，与银行等金融机构合作寻求专业人员、资金和设备的支持，与教育科研机构合作寻求财经素养教育研究方面的支持等。资源整合的形式主要有“引入校内”“走出校外”“联合共建”三种类型。教师既可以将校外的专业人员、数字化资源、图书资料、便于运输的设备等资源引入校内应用于教育实践中，也可以带领学生及团队成员走出校外利用合作资源开展教育实践，还可以与校外资源联合共建体验场馆、实训基地等。资源整合要求教师根据教学需要和学校及学生情况恰当选择合作主体，采用适合的方式开展合作，从而有效将校外资源用于财经素养教育实践。

4. 有效教学

有效教学是指教师在课堂内外有效开展财经素养教育教学活动的能力。有效开展财经素养教育教学应体现以下三个方面的结合。

首先，将生活与教育相结合。教师能够有效地将生活中的场景、信息、经历及经验转化为财经素养教育的教学资源。

其次，将课程教学与课外实践相结合。教师能够有意识地将财经素养教育内容以主题的方式合理设计并实施课程教学和课外实践，有效培养学生运用财经知识与技能解决现实问题的能力。

最后，将教师讲授与学生探究相结合。教师能够在讲清、讲透、讲好教学内容的同时充分调动学生的兴趣，创造性地培养和开发学生的自主探究能力，使学生能够在自身现有知识与经验的基础上完成进一步的学习。

有效教学能力的形成是教师不断习得的结果，财经素养教师在教育实践中不断锻炼和提升自己的教学能力，参与有组织、有计划的财经素养教育培训指导有助于快速提升现有教师的有效教学能力。有效教学能力指向教师的教育教学实践，决定着教学效果的优劣。

5. 反思改进

反思改进是指教师在教学实践的基础之上评价反思自己的教学并不断予以改进的能力。反思需要教师将自我和教学活动作为批判对象，辩证认识自我和教学活动，反思的内容包括教育教学中的闪光点、遗憾点、困惑点等。在反思的基础上持续改进，不断对教学实践进行补充、完善和修正，解决教学中遇到的问题，矫正教学中存在的错误，改进教学方法和策略，形成教学智慧，提升教学水平。

教师的财经素养教育能力框架的五种能力要素之间彼此独立又互相促进。每一种能力要素均可能成为推动教师财经素养教育能力提升的起点。例如，自我学习能够促进协同研究、有效教学等多种能力要素的整体性提升，相似地，有效教学也可以激发自我学习、协同研究等多种能力要素的提升。在实践中应综合考虑各项能力之间的相互关系，针对特定能力进行专门训练和有意识地培养，最终达到整体性提升的目的。教师财经素养教育能力框架包含的能力要素与教育实施过程相关联，形成由低级向高级、由内部向外部、由理论向实践发展的螺旋上升的系统，为教师财经素养教育能力的培养和提升提供理论参考。

第二节　教师财经素养教育能力的提升策略

目前，我国财经素养教育仍然处于起步阶段，大多数学校均面临师资队伍严重不足的问题，特别是对于基础教育阶段的学校，现有师资队伍的专业背景与财经素养教育的需要并不匹配。因此，提升教师财经素养教育能力是目前在学校系统开展财经素养教育亟须解决的关键问题。在这样的背景下，应从现实出发，在财经素养教育实践中探索式地培养教师的财经素养教育能力。在这一节中，我们将中国财经素养教育协同创新实验学校的相关经验进行总结和梳理，汇总形成了教师个体和学校提升教师财经素养教育能力的策略。

一、教师自我提升财经素养教育能力的策略

我们基于教师能力相关理论结合财经素养教育特征，研究分析了教师提升自身财经素养教育能力的方法，也通过课堂观摩、行动观察和座谈访谈等途径，总结提炼出能够胜任财经素养教育教学的优秀教师通常具备的一些特质。

（一）认同财经素养教育的价值理念

对财经素养教育充满热情、认同财经素养教育的价值观和方向是教师有效开展财经素养教育的前提条件和必备条件，是提升教师财经素养教育能力的基础。教育实践中，优秀的教师对财经素养教育充满热情，能够主动学习财经素养教育的理念和方法，并将这些理念和方法应用于教育教学实践。教师可通过学习和实践提升价值认同感，首先，自主学习财经素养教育的相关政策、基本理念、目标与方法、国际经验、关联学科知识等，建立对基本价值的认知；其次，积极参与财经素养教育相关研究和专门培训，增强对基本价值的理解；最后，在学校开展教育教学实践探索，深化对基本价值的认可。这种价值认同一方面有利于激发教师参与财经素养教育和推进财经素养教育的信心，包括对财经素养教育发展的信心和个人完成教育教学工作的信心等；另一方面有利于提升教师开展财经素养教育的兴趣和动力，促使教师更新教育理念、改善教学方法、关注未来财经素养教育发展等。此外，还有利于教师财经素养教育能力的整体提升。

（二）学习并掌握财经素养教育基本知识与基本技能

财经素养教育具有内容丰富、形式多样、与生活联系紧密等特征，但大多数学校特别是基础教育阶段的学校，目前并无相关专业的专任教师。现有教师在开展财经素养教育过程中需要通过不断学习掌握开展财经素养教育所需的基本知识和基本技能。具体而言，教师学习财经素养教育知识与技能的途径主要有四种：一是通过阅读专业书籍及资料，前往开设相关课程或讲座的学校、图书馆等公益组织进行线下学习；二是利用中国大学慕课（MOOC）、网易公开课等资源平台开展线上学习；三是通过参与各级各类与财经素养教育相关的培训有针对性地学习；四是在日常生活及教育教学实践中积累相关知识与经验。

（三）利用校内外资源开展交流与合作

教师协同研究能力和资源整合能力的提升关键在于交流与合作。教师交流与合作体现在三个层次。

1. 学校内部的合作

教师在学校内应积极与不同学科、不同年级、不同岗位的教师开展密切的合作。

2. 本地区的合作

教师可通过联合家、校、社多方力量调动资源，例如与学生家长、当地的市场部门、金融机构、其他院校、科研院所、政府部门等广泛合作，寻求专业人员、设备、场所、资金、信息等方面的支持。

3. 全国范围内的沟通与合作

教师通过积极参与全国范围内的论坛、展示、交流指导活动等，积极与其他区域的教师和专业人员进行经验交流，吸收其他区域的有效经验。

实践中，虽然教师交流与合作的方式和对象有所不同，但有效的交流与合作都体现出积极配合、取长补短、互助互利的合作精神。

（四）在实践中总结经验

由于财经素养教育的内容源于实践，因而财经素养教育理论需要教学实践、财经素养教育的效果也需要实践检验。教师开展财经素养教育不能只停留在理论层面，也不能局限于传授书本知识，而是一定要付诸实践。通过参与财经素养教育教学实践，教师能够发现个人开展教育教学活动中存在的问题，在探索解决方案的过程中不断总结经验，提升自身的财经素养教育能力。具体而言，开展财经素养教育实践主要有以下三种类型。

1. 以研究带动实践

教师可选择与财经素养教育相关的研究主题，自主进行研究或组织学生共同研究探讨相关问题，通过问卷调查、观察访谈、课堂观摩、理论探索等多种形式开展财经素养教育研究，在研究的过程中推进实践。

2. 开展课程教学

教师将财经素养教育的知识、方法、技能、理念等融入课程教学，可以采用单独开展主题教学、与其他学科融合开展教学或利用班会课开展教学等多种方式开展教学活动。

3. 组织课外活动

教师将财经素养教育与暑期实践、社团活动、各类比赛、竞赛等活动相结合，在组织实践活动过程中提升自身能力。

（五）重视反思与改进

教师在开展财经素养教育实践过程中，首先要积极反思教学效果，善于发现教学过程中的不足之处；其次是积极调整教学行为，不断完善和优化财经素养教育教学实践；最后是主动将新的教学技术、教学方法应用于财经素养教育。我们在研究过程中发现，一些优秀教师在学校开展一段时间的财经素养教育后，对学校开展财经素养教育的情况进行了梳理、总结和反思，发现了目前存在的问题并尝试提出改进的办法。教师针对教育实践的反思是将实践上升为理论的过程，能够促进教师进一步理解财经素养教育理念，改进财经素养教育方法，推进财经素养教育有效开展。

二、学校提升教师财经素养教育能力的策略

教师提升财经素养教育能力不仅需要依靠教师个人的努力，更需要学校支持与培养。教师财经素养教育能力的提升是学校推进财经素养教育的内部动力，学校为教师能力的提升搭建专业平台、构建良好环境，两者相辅相成。为了研究学校层面提升教师财经素养教育能力的策略，我们以中国财经素养教育协同创新中心在全国 135 所学校推进财经素养教育的实践案例为研究对象，通过研究各学校开展财经素养教育的行动，总结梳理出学校提升教师财经素养教育能力的策略，具体如下。

（一）校长重视，增强教师参与财经素养教育动力

校长是推进教师财经素养教育能力提升的思想引领者、规划设计者、资源开发者、实践推进者，决定着财经素养教育的学校实践方向和效果。一些学校的校长非常重视财经素

养教育，与其他学校相比，这些学校的财经素养教育开展情况也相对更好。

例如，广州市番禺区市桥中心小学柯中明校长认为“校长应主动学习财经素养教育知识，成为教师团队的‘领跑者’”，并带头亲自授课。东莞外国语学校尹效登校长强调“必须把提升教师财经素养教育能力放在财经素养教育最重要的位置”。湖南省浏阳市新翰高级中学商南花校长的个人定位是“做推进教师财经素养教育能力提升的规划者、领导者和建设者”。四川师范大学附属实验学校黄伟副校长认为“校长要扮演好财经素养教育的‘首席教师’和财经素养课程领导的角色”。

学校校长重视对教师财经素养教育能力的提升至关重要，由校长负责牵头推进财经素养教育，能够提升教师对财经素养教育的思想认识，切实增强教师开展教育教学实践的动力。

（二）组建团队，培育财经素养教育核心骨干力量

缺乏专业师资是制约学校推进财经素养教育的重要因素之一。实验学校采取多种措施培育师资队伍，较为常见的做法是：在全校范围里抽取各学科业务能力强、学习能力强、对财经素养教育认同程度高的教师，组建核心团队，使其成为学校推进财经素养教育的骨干力量，通过组织这些教师开展学习、研究、参加培训交流等途径提高财经素养教育能力，进而在全校范围内影响到更多群体。例如，西南财经大学附属小学构建的“1+1+N”项目团队和东莞外国语学校形成的集研究型、学习型、学术型、项目型于一体的财经素养教育团队都是有效的团队建设模式。

此外，各学校的财经素养教育师资培训一般有以下三种做法：一是聘请行业企业专业人员作为兼职教师开展财经素养教育，弥补学校专业师资不足的现状；二是邀请学界专家和行业企业入校开展财经素养教育培训，通过资源整合提升学校自有师资队伍财经素养教育能力；三是鼓励教师充分利用现有线上资源（如中国大学 MOOC 等优质教育资源），采用线上线下相结合的方式学习。

（三）强化教研，提升教师财经素养教育理论水平

实验学校高度重视教研，以此提升教师财经素养教育理论水平和教学效果。目前，实验学校的做法可以分为以下五种。

（1）各学校积极组织教师参与中心及地区各级各类课题研究，以提升教师的思想认识、夯实教师的理论基础、引导教师的研究与实践。例如，东莞市光大新亚外国语学校、广州市第十六中学等学校组织教师积极参与财经素养教育相关课题研究，并取得了一定的成果。

(2) 邀请专家入校指导财经素养教育相关课题研究及教学实践，提升教研水平，推进教学创新。

(3) 通过问卷调查掌握学情，提高财经素养教育的针对性和有效性。例如，成都树德西区实验中学、成都财贸职业高级中学等学校均开展了财经素养相关调查。

(4) 组建跨学科和跨年级教师教研团队，通过集体备课的形式，促进教师之间的交流与合作，形成思想共通、优势互补的教研氛围。

(5) 根据学校及区域特点，整合教学内容，开发校本教材和校本课程，不断使教学内容及方式适合学生发展需求。例如，东莞外国语学校、成都市高新区益州小学、成都市树德中学等学校均自主开发了财经素养教育校本课程。

(四) 创新教学，推动教师探索财经素养教育路径

课题学校鼓励教师创新财经素养教育路径，形成课程教学与课外实践结合、校内实施与校外推进结合的财经素养教育教学新方式。

1. 创新课程体系

例如，广西财经学院、防城港职业技术学院、广西经贸职业技术学院等探索将财经素养教育纳入人才培养方案中，广西梧州商贸学校等学校在相应专业开设财经素养课程，广西中医药大学、广西金融职业技术学院等学校开设了财经素养选修课、大讲堂等。目前，许多学校最普遍的做法是通过学科融合的方式开展财经素养教育。

2. 创新课程教学方式

例如，广州市番禺区市桥中心小学、常州旅游商贸高等职业技术学校等采用不同学科教师互相配合同上一门课的方式进行授课；江苏如东中等专科学校探索在游戏中开展财经素养教育课程，将课程教学与“现金流游戏”“沙盘模拟企业经营”等游戏相结合。

3. 开发第二课堂

将财经素养教育与课外实践活动紧密结合，在社团活动、暑期夏令营、研学活动、主题活动周等实践活动中融入财经素养教育元素。例如，威海经济技术开发区曲阜学校、成都市树德实验中学、广州市天河区旭日雅苑幼儿园等均开展了校园集市或校园义卖活动；东莞市广大新亚外国语学校组织学生赴日本开展“研学重勤俭”活动；西安外国语大学附属西安外国语学校组织财经素养辩论赛、国际贸易挑战赛等校园比赛等。

(五) 交流展示，促进教师发现问题不断学习提升

学校应积极创造条件，通过多种途径鼓励教师交流展示其财经素养教育教学成果，有

助于激发教师的动力，帮助教师发现教学中存在的问题，在专家的指导和帮助下进一步提升财经素养教育能力，在更大的范围内发挥引领示范作用。具体做法包括如下内容。

1. 组织教师积极参加国内外论坛交流及示范课展示

交流与展示可将学校财经素养教育教学成果进行推广，开阔教师视野，使教师站在更高的层次上审视当前学校的财经素养教育开展情况，充分吸收相关经验和建议，进而更有针对性地促进教师财经素养教育能力的提升。

2. 组织教师参与各类教学能力大赛、专业技能大赛

通过赛前筹备、赛中锻炼和赛后反思，积累教育教学经验，特别是接受专家的点评，认识教师能力现状，明确改进的方向。

3. 指导学生参加相关技能比赛

教师在指导学生的过程中有机会与学生针对财经素养教育相关主题内容进行深入交流，充分了解学生的认知情况，并与学生共同成长。

总之，提升教师财经素养教育能力不仅需要依靠理论的支撑，而且需要在实践中不断探索、创新、反思和总结。本节从135所实验学校开展财经素养教育的实践案例中梳理了目前实践中行之有效的策略。然而，这些策略仅是当前有限经验的总结，并不能完全涵盖财经素养教育的全部内容和所有过程。随着财经素养教育在我国的不断推进，越来越多的学校和教师开始进行财经素养教育的实践探索，关于教师财经素养教育能力的研究将会得到进一步的完善、丰富和发展。

第六章　高校财经素养教育教学实践——个人财务规划与预算

第一节　适度消费和合理财务规划

一、适度消费

（一）大学生群体消费偏好

随着经济社会发展水平大幅提升、消费市场供给极大丰富，大学生的物质需求和精神需求也更加多样化，其消费相应地体现出一些鲜明偏好。

1. 智能化消费

当前，大学生普遍青睐时尚化、智能化、高端化消费产品，是高科技产品上市后最早购买的群体。新科技、新产品带来的生活品质是其购买诱因。

2. 电商化消费

大学生是网络电商消费主力之一，在“双 11”“双 12”等时间节点，大学生消费支出占较大份额，支付宝、App、微商、网红直播带货等线上支付成为大学生生活常态。

3. 潮流化消费

“网红打卡”“研学旅行”是大学生文旅消费的主要方式，他们通过抖音、快手等了解网红城市、小镇名吃，进而旅游“打卡”；《三毛流浪记》《故宫六百年》等书籍在直播平台“云首发”吸引众多大学生粉丝；《长安十二时辰》等“潮剧”吸引大量大学生线上付费观看。

4. 社交化消费

大学生是校园周边“小微经济”集聚发展的主要驱动。名目繁多的“同学生日会”“考研保研聚餐”及日常聚餐活动，吸引大量餐饮店铺在校园周边集聚。随着网络社交文化平台迭代更新，大学生社交化消费的形式日渐多元，文娱、游艺等热度上升。

（二）绿色时尚消费与非理性消费并存

消费观念呈个性化特征。给宠物猫、宠物狗穿衣美容，成为很多“95 后”“00 后”的生活日常，“宠物美妆”“宠物服装”等产业随之迅速发展，“个性化写真”“美图创意平台”“故宫口红”等产品也深受大学生喜爱。他们在消费时比父辈更注重个体形象塑造，对衣装配饰、健身运动、美颜产品等的支出占较大比重，消费观念更加个性化、不盲从。

广告投入多、包装精美是不是吸引购买的主要原因？在大学生受访者中，非常赞同、比较赞同只占 24.9%，远低于不赞同、很不赞同的 44.8%。“是否看重通过消费展现经济地位、生活风格、生活品位、个性等”，8.6% 非常看重，24.9% 比较看重，22.6% 和 9.5% 不太看重或完全不看重。更多数据显示，大学生更注重产品的个性化设计和服务升级。

1. 消费状况呈分层趋势

大学生群体消费支出金额差异明显。调查显示，每月花销在 1000 元以下的受访大学生占 12.2%；1000～2000 元的占 64.9%；2000～5000 元的占 19.6%；5000 元以上的占 3.3%。可见，大学生之间存在消费分层，且差异显著。

不同专业大学生消费偏好差异较大。人文专业大学生更看重“购物是否能带给人快乐和幸福”，赞成比例（53.8%）高于艺术体育专业（46.6%）和理工专业（46.2%）大学生。不同家庭所在地大学生消费观念有所差异。对于“是否看重通过消费展现经济地位、生活品位等”，来自大城市、城镇、乡镇、村屯的大学生赞成比例分别为 39%、33.5%、33.8%、27.3%；对于“是否通过银行贷款进行个人消费”，来自大城市、城镇、乡镇、村屯的大学生赞成比例分别为 15.4%、14.1%、19.5%、11.8%。

2. 崇尚绿色消费等生活方式

逛超市购物时，更关注绿色环保类产品；选择共享单车等绿色交通出行；在食堂以“光盘”为荣；利用高校自行设立的“二手资源交易群”“万能墙”，以及闲鱼等闲置商品交易平台将有价值的闲置物品二次出售，实现资源最大化利用……今天的大学生，对于绿色、环保消费情有独钟。

调查显示，近七成大学生能够理性消费，平时习惯对生活费用进行规划，分清所需产品的轻重缓急；多数大学生能够正确认识校园贷等非法贷款的危害，很少“花明天的钱来圆今天的梦”。受访大学生对“货比三家，买最需要和性价比高的商品”认同率达67.8%，大部分会拼单、拼团购买商品，关注网购平台促销活动等。

3. 存在超前消费等非理性消费行为

“花呗”“借呗”“京东白条”等便捷的小额借贷平台，迎合甚至刺激了部分大学生“先消费，再分期还贷”的观念，一些大学生通过负债借贷维持超前消费。与此相应，炫富、挥霍等消费行为在大学生中时有发生，“名媛”“土豪”等词语风行网络，成为个别大学生羡慕不劳而获生活的“幻想目标”。

调查显示，对于“如何看待通过银行贷款进行消费”，受访大学生非常赞同的占3.9%，比较赞同的占10.9%，不赞同的占29.5%，很不赞同的占35.1%；倾向于“非名牌不买，消费高端品牌”的占8.8%；“秒杀族”“剁手党”等在大学生中占据一定比例。对于“能挣钱就会花钱，不必在乎其他”，非常赞同的占6.8%，比较赞同的占18.7%，不赞同的占28.5%，很不赞同的占10.8%。部分大学生经常以游戏娱乐、打赏主播等打发时间。超前消费、炫耀消费等现象在大学生中仍有市场，容易导致其信念迷失、精神颓废。

（三）大学生非理性消费原因探析

从青年自身看，受成长历程、身心特征等影响，尚未形成健康健全的科学消费观。他们从小处于衣食无忧甚至相对优渥的生活环境中，多为独生子女，在父母长辈的宠爱中长大，爱惜物力、节约金钱的意识淡薄，加之当代青年注重自我展现、个性表达，导致了对个性消费、符号消费、高端消费的青睐。因此，一些大学生未能形成完整、稳定、科学的消费观念，自控能力不强，随机消费、冲动消费、跟风消费现象突出。

从家校教育看，对大学生消费状况与消费心理关注不够，引导缺失。在家庭中，家长对孩子需求的一味满足滋长了消费攀比心理；在学校，对学生文化知识、能力素质的培养处于主要位置，教师对学生的消费状况和消费心理缺乏关心和重视，针对性教育不足，对艰苦朴素传统的教育普遍淡化。

从社会影响看，消费文化发生整体性变化，享乐主义、奢侈浪费等不良社会风气有所抬头。随着科技发达、信息通畅、渠道多元，时尚的形成和流行更为快捷，影响更为深入。与其相应，大众消费文化快速变化，从追求“物美价廉”到注重“彰显身份”，从量入为出到超前消费、借贷消费。

从网络环境看，网购平台智能化发展助推网络消费普及，消费主义网络渗透力增强。随着5G网络的应用和完善，网购平台蓬勃发展，通过“集赞、秒杀、砍价、红包”等方式刺激消费，并借助算法推荐适合大学生口味的商品。同时，互联网为消费主义思潮渗透传播提供了快捷隐蔽的平台，部分商家倡导“超前消费”“享乐消费”，打着消费共享的幌子，把控网络消费话语权；一些平台提供的“先购物后付款”消费体验同“校园贷”“网贷”“裸贷”等非法借贷现象相互交织，容易诱发大学生的非理性消费行为。

（四）家校社会合力纠治非理性消费

1. 强化法治力量，为大学生营造健康清朗的消费环境

完善消费安全法律法规，规范市场秩序，营造良好的社会消费环境；加强消费安全综合治理，借助大数据等技术及时研判大学生网贷行为，从源头切断消费主义思潮的传播路径，不断净化网络消费环境；严格落实《关于进一步规范大学生互联网消费贷款监督管理工作的通知》等相关规定，严厉打击“校园贷”“网贷”等出现的违法行为；构建协同共治的网络空间生态秩序，形成政府、社会和高校协同共治体系。

2. 加强宣传引导，提升大学生及全社会消费文化素养

坚持用主流文化引领消费文化，塑造健康的消费生态。防止宣扬沉溺享乐、拜金倾向的低俗文化产品传播，通过全媒体手段广泛传扬勤俭节约、艰苦朴素等传统美德，引导大学生正确认识网络消费主义本质和危害，培养科学理财意识，养成勤俭节约作风，形成正确消费观念，真正做到理性消费。

3. 发挥家校作用，帮助大学生形成科学消费理念与习惯

用家庭美德滋养大学生个人品德，将消费教育融入节水节电、“光盘行动”等日常生活小事当中，通过家长以身作则、勤俭节约，不断增强节俭养德的生活理念和行为方式。高校应加强对大学生的金钱观、人生观、价值观教育，将消费教育融入思想政治教育全过程，通过开展劳动教育、节约教育等，倡导适度消费；加强理财教育，通过设立理财类课程、讲堂、活动等形式，帮助学生进行财务规划、规范理财行为。同时，增强家校互动，共同关注大学生思想行为，提高消费教育的针对性和时效性。

4. 发挥市场力量，壮大健康积极的新型消费业态，引导大学生合理释放消费需求

针对大学生的个性化、多样化消费需求，应不断创新消费模式，引导大学生积极参与文化文旅消费、网络新型消费、科技智能化产品消费。首先，要借助新技术、新样态，持续改进商品功能、展现商品内在价值，打造品质型消费热点；其次，升级个性化服务模

式，让大学生得到积极阳光的消费体验；最后，搭建文化旅游消费云平台，创新文化旅游商品，着力打造一批符合青年兴趣的文旅景点、文化产品，把大学生的消费潜力引导到富有文化含量、精神追求的领域中来。

（五）大学生如何做到合理消费

当大学生不再依赖父母，进行自主消费的时候，消费存在着各种各样的问题，那么如何做才能使消费更加合理呢？

（1）自我消费习惯调节。

（2）量入为出，适度消费。首先要清楚自己的实际购买力，一定要在清楚了自己的实际情况后，再去进行消费，这个是合理消费的前提。许多学生家里并不富裕，在进行消费时反省自己消费的是不是必要的，面对起早贪黑的父母，钱是否花得心安理得。

（3）避免盲从，理性消费。钱要花在正确的地方，不和别人进行攀比，不盲目消费，不奢侈浪费，把钱花在该花的地方；有意识地控制自己的消费，控制自己的购买欲，对于昂贵非必需品采取情感转移或者替代品选择等方式控制消费成本；学会制订消费计划，根据自己消费能力和需要去制定预算，并对比消费是否超出预算，可以达到合理消费的目的。

（4）保护环境，绿色消费。目前，人人都在呼吁着保护环境，绿色消费在这时显得尤为重要。绿色消费其实很简单，超市购物前自备袋子，不再买新的袋子；在外吃饭，没有必要的话，不用一次性餐具；对于餐桌上剩余的食物进行打包，不浪费粮食。

（5）培养投资理财意识。身为在校大学生，对社会的了解微乎其微，大学生需要主动走出校园，了解社会上的危机，自主学习投资理财的知识。增强经济独立意识，利用假期打工兼职，增加自身的实践经验，养成节约的良好习惯。

随着社会经济的发展，消费水平得到了质的提升，消费方式变得多样性，大学生消费也会出现各种各样的问题。对于大学生合理消费，首先，从个人出发，深入了解自己在哪个方面存在问题，对症下药，从而达到合理消费；其次，父母和老师也要对学生进行思想教育上的引导，引导孩子树立正确的消费观，帮助孩子塑造健全的人格。

二、合理财务规划

大学生时期是人生中一个重要的阶段，不仅是学习成长的时期，也是管理财务的重要时期。然而，由于经验不足和收入有限，很多大学生容易陷入债务危机中。下面是对大学生管理好财务，避免债务危机的一些建议。

（一）制订合理的预算计划

管理财务的第一步是制订合理的预算计划。需要在收入和支出两个方面进行规划，以确保支出不超过收入。可以通过编制简单的预算表格，将每个月的收入和支出记录下来，包括生活费、学费、住房费、交通费、娱乐费等。制订合理的预算计划可以帮助大学生更好地掌控自己的财务状况。

（二）消费时要理性

消费是大学生支出的主要来源之一，因此，需要在消费时保持理性。要根据自己的经济状况和预算计划合理安排消费，不要盲目跟风或买一些不必要的东西。可以考虑购买二手商品、参加团购等方式降低消费成本。

（三）增加收入来源

大学生的收入相对有限，因此可以通过增加收入来源的方式改善经济状况。比如，可以通过打工、兼职、课外辅导等方式增加收入，提高经济能力。同时，也可以考虑申请各种奖学金、助学贷款等方式增加收入来源。

（四）学会理性借贷

在大学生活中，有时会出现意外的支出或者资金不足的情况，这时候可能需要借贷。但是，借贷需要理性对待，不要盲目借款或者选择高风险的借贷方式。需要充分了解借贷的利率、期限、还款方式等细节，根据自己的经济状况和能力选择合适的借贷方式。

（五）建立紧急备用金

生活中难免会出现一些紧急情况，如意外损失、疾病治疗等，这时候需要有紧急备用金来应对，因此，建立紧急备用金是很有必要的。可以将一部分资金储存到紧急备用金中，以备不时之需。

（六）注重信用记录

信用记录是评估个人信用水平的重要指标之一，对于大学生管理自己的财务也有着很大的帮助。首先，需要注意保持良好的信用记录，及时还款，避免违约和欠款。其次，可以申请信用卡来建立自己的信用记录，但需要注意使用信用卡时要避免超出自己的能力范围，避免产生高额利息和滞纳金等费用。详细的内容可见本书第六章第三节。

（七）健康理财观念

健康理财观念是管理好自己的财务的前提和基础，需要注重培养自己的理财能力和知识。首先，可以通过阅读相关的理财书籍、参加理财课程等方式提高自己的理财水平。其次，需要保持开放的心态，学会从他人的经验和教训中吸取教训，提高自己的财务管理能力。详细的内容可见本书第九章第一节。

总之，大学生只有通过科学合理的财务管理，才能避免债务危机的发生，更好地实现自我价值和社会价值。

第二节　避免财务困境的办法

本节将帮助学生了解产生财务困境的原因，并对财务困境的预警信号加以重视，进而有效避免陷入财务困境的风险。

一般地，家庭主要劳动力出现重大变故、上当受骗、过度消费及因违法犯罪受制裁等情况，都可能致使家庭成员陷入财务困境。

出现上述困境时，当事人首先应当求助亲属或运用信用机制通过借贷纾困，其次应当全力改变自己的消费模式，最后也可以考虑寻求社会支持系统的协助。

一、了解财务困境

在这一部分，首先我们要帮助同学理解什么是财务困境，包括财务困境的概念、内容与出现的信号。然后帮助同学解决在出现了财务困境之后应该如何面对的问题。

（一）财务困境

财务困境，又称财务危机或财务困难，是指现金流量不足以补偿现有债务。此概念常用于公司或企业层面，企业界在使用财务困境这个词时，其含义是多样的，主要有以下几个层次：①企业的现金流量不足以支付负债的付现成本，表现为预提利息、应交税金等的积欠；②现金流量无法支付到期债务，包括应付款项、各类借款等；③企业现有资产与负债不匹配，现有财务实力无法支撑过度膨胀的债务规模。

（二）财务困境的形式

个人财务困境的常见形式包括失业、入不敷出、上当受骗、过度消费、重大疾病。

思考：同学们身边有没有遇到这样财务困境的例子？你是怎么看待这些问题的？

（三）财务困境的原因

根据研究数据，困境出现的原因往往体现在以下几个方面。

1. 失业

国际劳工组织将失业定义为某个年龄以上，在考察期内没有工作，但有工作能力，并且正在寻找工作的人。从整个经济来看，通常把一定年龄阶段的人口称作劳动年龄人口，其中一部分处于工作状态的，称为就业者；一部分处于寻找工作而尚未找到的，称为失业者。还有一部分不愿工作或不寻找工作的，称为不在劳动人口，失业人口占劳动人口的比重即失业率。宏观经济学有四大目标，即充分就业、经济增长、物价稳定和国际收支平衡。其中充分就业是宏观经济学的第一目标，可见宏观经济学对于就业问题的重视程度。

劳动就业是每个人的权利，也是绝大多数人获得收入、维持生存的主要手段，但在现实生活中，总是有一部分人无法就业。2022 年我国城镇登记失业率为 4%，城镇登记失业人口达到 1040 万，如果不能在短时间内找到合适的工作，那么这部分人口的生活就会陷入困境。当然，失业现象并非仅存在于我国，目前世界上所有的国家，无论是发达国家，还是发展中国家，都在不同程度上存在着失业问题。

（1）失业的种类。失业有很多种类，根据主观愿意就业与否，可分为自愿失业与非自愿失业。

①自愿失业是指工人不愿意接受现行的工作条件和收入水平而未被雇佣而造成的失业。由于这种失业是由于劳动人口主观不愿意就业而造成的，所以被称为自愿失业，无法通过经济手段和政策来消除，因此不是经济学所研究的范围。

②非自愿失业是指有劳动能力、愿意接受现行工资水平但仍然找不到工作的现象。这种失业是由于客观原因造成的，因而可以通过经济手段和政策来消除。经济学中所讲的失业是指非自愿失业。非自愿失业又可以分为摩擦性失业、结构性失业和周期性失业。

摩擦性失业是指生产过程中难以避免的，由于转换职业等原因而造成的短期、局部失业。这种失业的性质是过渡性的或短期性的，它通常起源于劳动的供给方，因此被看作一种求职性失业。一方面存在职位空缺，另一方面存在着与此数量对应的寻找工作的失业者，但由于劳动力市场信息的不完备，厂商找到所需雇员和失业者找到合适工作都需要花费一定的时间。摩擦性失业在任何时期都存在，并将随着经济结构变化而有增大的趋势，但从经济和社会发展的角度来看，这种失业存在是正常的。

结构性失业是指劳动力的供给和需求不匹配所造成的失业，其特点是既有失业，也有职位空缺，失业者或是没有合适的技能，或是居住地点不当，因此无法填补现有的职位空缺。一方面，结构性失业在性质上是长期的，而且通常起源于劳动力的需求方。另一方面，结构性失业是由经济变化导致的，这些经济变化引起特定市场和区域中的特定类型劳动力的需求相对低于其供给。

周期性失业是指经济衰退或萧条时，因社会总需求下降而造成的失业。当经济发展处于一个周期中的衰退期时，社会总需求不足，因而厂商的生产规模也在缩小，从而导致较为普遍的失业现象。周期性失业对于不同行业的影响是不同的，一般来说，需求收入弹性越大的行业，周期性失业的影响越严重。也就是说，人们收入下降，产品需求大幅度下降的行业，周期性失业情况比较严重。

除了上述失业类型外，经济学中常说的失业类型还包括隐藏性失业。隐藏性失业是指表面上有工作，但实际上对产出并没有做出贡献，即有职业无工作的人。也就是说，这些工作人员的边际生产力为零。当经济中减少就业人员而产出水平没有下降时，即存在着隐藏性失业。美国经济学家阿瑟·刘易斯曾指出发展中国家的农业部门存在着严重的隐藏性失业。

（2）失业的影响。失业会产生诸多影响，一般可以将其分成社会影响和经济影响。

失业的社会影响虽然难以估计和衡量，但它最易为人们所感受到。失业威胁着作为社会单位和经济单位的家庭的稳定。没有收入或收入遭受损失，户主就不能起到应有的作用。家庭的要求和需要得不到满足，家庭关系将因此而受到损害。西方有关的心理学研究表明，解雇造成的创伤不亚于亲友的去世或学业上的失败。此外，家庭之外的人际关系也受到失业的严重影响。一个失业者在就业的人员当中失去了自尊和影响力，面临着被同事拒绝的可能性，并且可能要失去自尊和自信。最终，失业者在情感上受到严重打击。未来的一二十年是经济发展的关键时期，大量的农村富余劳动力转移到城镇就业，城镇新增的适龄就业人员也有较大的就业需要，这就使得我国在未来这一二十年内面临着较大的就业压力，就业问题将成为我国政府宏观经济政策要解决的最主要问题之一。

2. 受骗

随着社群关系的复杂化、虚拟化发展，各类骗术也在升级迭代，危害加大。施骗者用虚构事实或隐瞒真相的方法骗取数额较大的财物，轻者令受害者烦恼，或陷入经济困境，影响其正常的生活，对其身心造成沉重打击；重者会使受害者自杀或导致刑事案件发生。

常见的骗术有以下几种。

（1）彩祟骗局

加拿大有组织犯罪团伙给一些英国家庭（通常是老年人）打电话，并告诉他们中了加拿大的彩票大奖，而要兑奖，必须先缴纳一定数额的手续费。尽管手段很拙劣，但仍有很多英国人上当，有人甚至被骗走4万英镑。

——案例源自《晚报文萃》“揭秘史上最强十大骗局”

彩票类骗术一般有如下三种。

①概率二分法骗术：如骗子发短信告知可以预测当天晚上双色球蓝球号码，他并不立即要求付款，而是先给受骗者免费测试的机会。如果他预测为单数号，实际也为单数号，则下期继续发短信告知预测号码；如果预测为单数号，实则为双数号，骗子就将剔除掉这一部分收到错误答案的人。骗子每次群发短信都有固定的套路，第一期他将号码分成两部分，一部分发单数号，另一部分发双数号。不管结果如何，在第二期时他将在正确的一半号码里面继续如法炮制，依此类推，直到收到短信的人动心或者收到错误答案为止。这是一种利用数学来骗人的骗术。

②先予后取的App（Application，应用）钓鱼骗术：这类骗术的操作是让被骗者免费下载App试玩，让其看到“赢钱很简单”，然后逐渐诱导受骗者往App里面充钱开始赌博。

③合买诱惑骗术：骗子声称有秘诀可以猜到彩票结果，但是又不能够自己去买彩票，理由大多为知道太多被有关部门限制购买彩票等，然后向受骗者兜售秘诀，达到骗人的目的。

（2）传销诈骗

2011年“女人授权给女人”的金字塔传销诈骗案成为世界媒体重点报道的对象，这一诈骗案席卷整个英国，令许多英国妇女遭受巨大损失。这一骗局采取交纳入会费的方式，鼓励女性投资，许诺投资3000英镑就可以得到2.4万英镑的回报，还竭力从会员那里套取其家人和朋友的联系方式。很多人因此失去了3000英镑的入会费。

——案例源自《经济学》

很多人认为，传销无非是“限制人身+强卖商品”的组合。但随着我国经济高速发展以及互联网时代的到来，传销犯罪的外衣也在不断更新中日益趋于隐蔽，“经济邪教”在逐渐危害社会。传销陷阱的模式可分为三种。

①纯线下传销陷阱：犯罪分子多以歪曲事实或者利用“国家项目”的名头炒作社会热点，以各种噱头不断推出新名目进行传销活动，但其实质往往是拉人头、推销，传统线下传销案件除了“交会费、拉成员、建层级”这些要求，还有限制人身自由以及强卖商品等

特点。

②纯线上传销陷阱：纯线上传销陷阱形式多样、名目繁多，如投资消费返利、金融互助、虚拟货币、网络社交平台等。无论以何种形式，都离不开“交会费、拉人头、建层级”这个传销本质，而且大多宣传“无风险、高收益”，诱惑性极强。

③线上线下相结合传销陷阱：这种传销模式算是传统线下传销的“更新换代”，线上推广、线下体验，多以销售高科技生物产品、保健品、消费返利、免费购物等为幌子欺骗公众。该类型传销充分结合线下、线上传销的特点，更为隐蔽，且蔓延更迅速。

传销组织编织的是五彩斑斓的“梦想”，是致命的诱惑，带走的除口袋里的钱财，还有可能是人们善良的本性，甚至可能是整个社会人与人之间的互相信任。传销并不可怕，不明白传销本质才可怕。传销是典型的金字塔骗局、庞氏骗局①。金字塔传销骗局的架构是：由所谓某项“投资”或“买卖交易”之办法推广组织，利用几何级数的增长方式，赚取被骗加入组织的新成员交纳费用，牟取暴利。

那么，我们应该如何预防传销诈骗呢？首先，投资前应保持理智，提前了解项目，慎重考虑后再决定是否投资；其次，树立正确的投资观念，风险永远与收益正相关；再次，切实提高防范意识，不被高利诱惑，自觉抵制传销犯罪活动；最后，发现涉嫌传销的组织或人员，或发现自己被骗误入传销，一定要保持理智，先保证生命安全，再设法尽早脱离，并及时拨打 110 报警。

（3）征婚骗局

人们常说，爱情会蒙蔽人的眼睛。这或许是越来越多爱情骗子通过互联网交友中心诈骗的原因。2013 年年初，一位名叫拉姆的新加坡已婚妇女因利用征婚骗钱而被判入狱 6 个月，她以结婚为诱饵，骗取了一名美国男子 4.5 万美元。

——案例源自《晚报文萃》“揭秘史上最强十大骗局”

在以往常见的征婚交友类诈骗中，嫌疑人往往通过网络交友（如微信、QQ 等）、相亲网站，编造出“高富帅”或“白富美”等虚假身份，在与受害者进行网络交流，骗取受害者信任、确立交往关系后，选择时机提出借钱周转、家庭遭遇变故等各种理由，骗取

① 庞氏骗局是对金融领域投资诈骗的称呼，是金字塔骗局（pyramid scheme）的始祖。很多非法的传销集团就是用这一招聚敛钱财的。庞氏骗局实质上是将后一轮投资者的投资作为投资收益支付给前一轮的投资者，以此类推使卷入的人和资金越来越多。简言之，就是利用新投资人的钱来向老投资者支付利息和短期回报，以制造赚钱的假象进而骗取更多的投资。庞氏骗局源自查尔斯·庞兹（Charles Ponzi），他是一名出生于 19 世纪末的意大利裔投机商。庞兹 1903 年移民到美国，1919 年开始策划一个阴谋，欺骗人们向一个事实上子虚乌有的企业投资，许诺投资者将在三个月内得到 40% 的利润回报，然后，庞兹把新投资者的钱作为快速盈利付给最初投资的人，以诱使更多的人上当。由于前期投资的人回报丰厚，庞兹成功地在七个月内吸引了三万名投资者，收到约 1500 万美元的“投资”。这场阴谋持续了一年之久，被利益冲昏头脑的人们才清醒过来，后人称之为“庞氏骗局”。1920 年 8 月，庞兹破产。1949 年，庞兹在巴西的一个慈善堂去世。

钱财后销声匿迹。

众多此类案例中，犯罪嫌疑人大多是以“高回报”“稳赚不赔”等借口诱导受害者“投资”“充值”，而大多数受害者都是被诈骗分子的花言巧语与表面行为迷惑，并未认真核实其真实身份。要预防征婚骗局，需要征婚者在交友时，及时、认真核实对方身份。在涉及钱财问题时，不要轻信征婚交友对象的任何借口、说辞。

（4）电信诈骗

2019年11月5日，小王同学手机收到一条短信，内容是：“尊敬的商户您好！由于购物平台网络系统升级，请您及时点击以下网址（www. xxx. cn）认证账号信息，以免影响正常接单！回复T退订”。随后小王点开了短信内容中的网址，进入该网站之后按照提示输入账号和密码，随后一步步操作之后，银行卡内余额被洗劫一空。

——案例源自吕梁市公安局网络安全保卫支队《电信诈骗案例解析》

电信诈骗是指通过电话、网络和短信方式，编造虚假信息、设置骗局，对受害人实施远程、非接触式诈骗，诱使受害人打款或转账的犯罪行为，通常以冒充他人及仿冒、伪造各种合法外衣和形式的方式达到欺骗的目的，如冒充公检法、商家公司厂家、国家机关、银行等各类机构工作人员，伪造和冒充招工、刷单、贷款、手机定位和招嫖等形式进行诈骗。

电话诈骗的特点是：第一，蔓延比较快，发展很迅速。电信诈骗者往往利用人们趋利避害的心理，在极短的时间内通过编造虚假电话、短信地毯式地给群众发布虚假信息，发布范围很广、侵害面很大，损失覆盖面也比较大。第二，诈骗手段翻新速度很快，且从最原始的中奖诈骗发展到勒索、电话欠费、汽车退税等，花样层出不穷。第三，团伙作案，反侦查能力非常强。一般采取远程的、非接触式的诈骗，团伙组织严密，采取企业化的运作，分工细密，不同工序之间互不了解。

公安机关破获的无数诈骗案件有一个共同的规律，无论诈骗犯如何花言巧语，无论手法如何翻新，最后都要落到一个点上，就是犯罪分子都会索要受害人的银行卡密码和账号，并引诱受害人将资金汇入其指定的账户。在日常工作生活中，不要轻信来历不明的电话、短信，更不要轻易透露自己的身份证和银行卡的信息。如有疑问，应及时拨打公安机关电话，或向亲友等比较有见识的人询问、了解、核实。

（5）网络贷款骗局

陶先生报警称，他本人在“××钱”App软件上申请过一笔贷款，可是没过多久便接到自称是“北京××投资担保有限公司”的员工打来的电话，对方声称能够帮助陶先生办理网贷业务，但是需要绑定陶先生本人的工商银行卡。陶先生信以为真，便将本人工商银行卡号发送给对方。

之后，对方还要求陶先生向卡内转存1.6万元，待钱款到账后，对方又再次要求陶先生告知其手机收到的验证码，随后陶先生卡里的存款均被转走。对方对陶先生的解释是，为其刷银行的流水。其后，对方仍以各种理由要求陶先生转账，而陶先生却迟迟没有收到贷款到账，此时陶先生才意识到自己上当受骗。

——案例源自 https：//www. youcash. com/zpsbjq－child/73636. html

网上贷款，借助互联网的优势，可以足不出户便完成贷款申请的各项步骤，了解各类贷款的申请条件、准备申请材料、递交贷款申请等，都可以在互联网上高效完成。然而，由于网络交易的虚拟性，无法认证借贷双方的资信状况，容易产生欺诈和欠款不还的违约纠纷。近年来深陷网络贷款骗局的人不在少数。

常见的网络贷款骗局套路有以下几种。

①无须任何担保。不少网上的贷款广告都宣传自己家的贷款“不要担保、无须抵押”，其实他们是利用这些虚假广告来吸引那些急需借钱贷款的人，将他们引入骗局。此类骗局性贷款几乎不设立任何贷款条件，无抵押无担保，且利息较低。但是，这既不是高利贷，又没有设立门槛，天下没有免费的午餐，真的会有这么好的事情吗？借款人应仔细考虑。

②贷款要先交费。一般来说，正规的贷款机构在成功放款之前是不会收取任何费用的。所以，如果借款人在网上申请贷款时，贷款机构需要让借款人预先支付手续费等费用时，那么借款人需要谨慎考虑自己是否上当受骗。

③利率低，零利息。通常来讲，相较于其他贷款机构，银行的贷款预期年化利率相对较低。但是，即使银行的贷款是偏低的，小额无抵押贷款的预期年化利率也会在8%左右。并且，因为网贷属于信用贷款，所以网贷的利息要比银行高。而网贷公司现存较多的是“套路贷”“校园贷”“培训贷”，他们的骗局基本都是利率低、没有利息等。所以，如果借款人在网上申请小额贷款时，贷款机构宣称自己的贷款产品和银行贷款预期年化利率相同甚至更低，借款人需要谨慎考虑自己是否身陷骗局。

④审核不严，手续简单。抵押贷款都是需要有抵押物的，而无抵押贷款也是需要借款人拥有稳定的工作、银行工资流水还有良好的个人信用才能成功申请，完全不存在只用一张身份证就可以获得贷款的情况。有些人认为网贷产品很快就能办理，不需要审核这一点正中骗子公司下怀。他们会告诉借贷人办理网贷只需要一张身份证就可以办理贷款，其实这也是骗局之一。

（四）财务困境出现的信号

财务困境出现的信号主要有：①你不了解自己欠了多少钱；②你总是推迟支付账单；③你用新贷款去还旧贷款；④你每个月只能偿还最低限额；⑤你用来偿债的金额已经超过

了净收入（支付房租或房贷后）的 20%；⑥如果你失业将立即出现财务问题；⑦你花的比赚的多，开始使用储蓄来弥补日常开支。

（五）财务困境的应对策略

1. 通过合法途径寻求帮助

在面临财务困境时，首先可以通过合法的贷款路径获取必需的资金。那么当前中国有哪些合法贷款渠道和合法贷款机构呢？《中华人民共和国银行业监督管理法》第二十九条规定“银行业金融机构在发放贷款时，应当根据借款人的信用状况、还款能力等因素，制定贷款利率、期限、担保方式和还款方式等。”目前国内合法的贷款途径主要有银行贷款、信托贷款、民间小额贷款等。

银行贷款，是指银行根据国家政策以一定的利率将资金放贷给资金需要者，并约定期限归还的一种经济行为。一般要求提供担保、房屋抵押或者收入证明，个人征信良好才可以申请。根据不同的划分标准，银行贷款具有各种不同的类型，按贷款资金来源和经营模式不同，可分为自营贷款、委托贷款和特定贷款；按偿还期不同，可分为短期贷款、中期贷款和长期贷款；根据贷款的保障方式不同，可分为信用贷款、担保贷款和票据贴现。

2. 寻求社会支持系统

当一个人面临的财务困境已经严重影响到学习、生活时，应当主动向辅导员、班主任告知情况，通过临时困难补助、国家奖助金、专项奖助金、勤工助学岗位等综合途径形成自己的经济支持系统。与此同时，也可以通过向社会支持系统寻求支持帮助。

（1）生活上可以通过社区（村）向所在街道（乡镇）申请最低生活保障（低保）。低保指因家庭成员存在重度残疾或因疾病丧失劳动力，享受最低生活保障补助的家庭。其住房或收入明显低于当地低保标准的居（村）民。城市低保是在城市已经建立了国有企业下岗职工基本生活保障、失业保险和城市居民最低生活保障等“三条保障线”制度的基础上，建立实行的最低生活保障制度。

（2）因家庭变故有重大经济困难的情况还可以向街道（乡镇）申请临时困难救助。临时救助制度指国家对遭遇突发事件、意外伤害、重大疾病或其他特殊原因导致基本生活陷入困境，其他社会救助制度暂时无法覆盖或救助之后基本生活暂时仍有严重困难的家庭或个人给予的应急性、过渡性的救助。

（3）向社会公益组织或所在单位申请特别救助。近些年一些单位的内部捐赠筹款、水滴筹、轻松筹等社会筹款平台在解决重病致贫等问题上发挥了积极作用。与传统慈善机构相比，新兴的网络筹款平台申请门槛低，在线操作方便，筹款快速、高效，而且支持资金发放至个人账户，大大降低了个人发起求助和捐款的门槛，帮助许多贫困大病患者解了燃眉之急。

3. 理财规划

理财规划是指运用科学的方法和特定的程序为特定对象制订切合实际、具有可操作性的包括现金规划、消费支出规划、教育规划风险管理与保险规划、税收筹划、投资规划、退休养老规划、财产分配与传承规划等某方面或者综合性的方案，使其不断提高生活品质，最终达到终身的财务安全、自主和自由的过程。

个人理财规划又称私人理财规划，是指个人或家庭根据家庭客观情况和财务资源（包括存量和增量预期）而制订的旨在实现人生各阶段目标、一系列互相协调的计划，包括职业规划、房产规划、子女教育规划、退休规划等。

（1）理财规划的主要步骤

①回顾自己的资产状况。包括存量资产和未来收入的预期，知道有多少财可以理，这是最基本的前提。

②设定理财目标。设定理财目标需要从具体的时间、金额和对目标的描述等来定性和定量地厘清理财目标。

③弄清风险偏好是何种类型。不要做不考虑任何客观情况的风险偏好的假设，如很多客户把钱全部放在股市里，没有考虑到父母、子女，没有考虑到家庭责任，这个时候其承担的风险超过了他能够承受的范围。

④进行战略性的资产分配。资产分配即在所有的资产里做资产分配，然后选择投资品种、投资时机。理财规划的核心就是资产和负债相匹配的过程。资产就是以前的存量资产和未来获得收入的能力，即未来的资产。负债第一是家庭责任，要赡养父母，要抚养小孩、供他上学；第二是目标，要有高品质的生活，让资产和负债进行动态的匹配，这就是个人理财最核心的理念。可以看出，理财规划应是每个人都需要具备的，并不在于资产有多少。

（2）理财规划的主要内容

①必要的资产流动性。个人持有现金主要是为了满足日常开支需要、预防突发事件需要、投机性需要。个人要保证有足够的资金来支付计划中和计划外的费用，所以在现金规划中既要保证资金的流动性，又要考虑现金的持有成本，通过现金规划使短期需求可用手头现金来满足，预期的现金支出通过储蓄和短期投资工具来满足。

②合理的消费支出。个人理财目标的首要目的并非个人价值最大化，而是使个人财务状况稳健合理。在实际生活中，减少个人开支有时比寻求高投资收益更容易达到理财目

标。制订消费支出规划，可使个人消费支出更合理，使家庭收支结构大体平衡。

③实现教育期望。教育为人生之本，时代变迁，人们对受教育程度要求越来越高。再加上教育费用持续上升，教育开支的比重变得越来越大。所以，需要及早对教育费用进行规划，通过合理的财务计划，确保将来有能力合理支付自身及其子女的教育费用，充分实现个人（家庭）的教育期望。

④完备的风险保障。在人的一生中，风险无处不在，通过风险管理与保险规划做到适当的财务安排，将意外事件带来的损失降到最低限度，从而更好地规避风险，保障生活。

（3）理财规划的策略

①保本型理财策略。该理财策略的目标是保本：一是保证本金不减少；二是理财所得资金可以抵御通货膨胀的压力。该理财策略比较适合风险承受能力比较低的理财者，如超级保守型和有点保守型，主要理财工具是储蓄、国债和保障型险种。参考理财组合：储蓄和保险占70%，债券占20%，其他占10%。

②稳定—增长型理财策略。该理财策略的目标是在稳定收入的基础上寻求资本的增值，比较适合具备一定风险承受能力的理财者，如理想型理财者，主要理财工具是分红保险、国债、基金。参考理财组合：储蓄和保险占40%，债券占20%，基金和股票占20%，其他理财占20%。

③高收益型理财策略。该理财策略的目标是获取高收益，比较适合具备较高风险承受能力的理财者，如冲动型理财者，主要理财工具有股票、基金、投资连接保险等，如有足够的资金还可以买房、炒外汇。参考理财组合：储蓄保险占20%，债券和股票占60%，外汇和房地产等占20%。

无论是何种理财组合，每个人都必须拥有保险计划，只不过不同的理财组合中保险所占的比例和类别有所不同。随着理财型产品的出现，保险已不仅仅具有保本安全的功能，它还兼有理财的功能，成为实现资本增值的理想理财工具。

二、大学生如何避免财务困境

（一）端正观念，科学识财

大学生要消除财务困境，保持健康的财务状况，最基本的要求就是树立正确的财富观和消费观，坚持取财有道、量入为出。这样才能在面对各种诱惑或骗局时，保持清醒的头脑，让财务困境远离自己。

（二）克服虚荣，理性消费

克服虚荣心理，理性消费，不盲目、不冲动、不攀比，不要超过自己的消费能力。同时，大学生可以养成编制预算的良好习惯，明确每月支出计划。比如，50% 的钱用于吃饭，10% 的钱用于学习，10% 的钱用于社交，20% 的钱用于临时备用，10% 的钱存起来。合理的预算要求理性地消费，预算编制好后一定要严格执行，否则编制预算没有任何意义。预算的执行可通过记账来支持。通过记账，能知道自己收入、花销状况和节余状况，并且从每个月的开销中总结出各项开支的比例和一些根本不必要花销的项目，对不合理的花费有督导的作用，从而在今后的生活中加以改善。这样可以使不必要的花销逐渐减少，最终做到开支有计划，节省费用。坚持记账，能清楚知道钱的流向和开支的合理性，对预算的执行进行动态监控，使预算的执行更加有效，提高对自身财务的掌控能力。

（三）勤工俭学，自力更生

勤工俭学是目前常见的，也是值得倡导的大学生“开源”方式，大学生可根据自己的实际情况选择做家教、餐厅服务、商品直销、市场调查、信用卡推销、行政文秘等兼职工作，或者承担高校设立的助教、助研、助管等勤工助学岗位工作。这些都是能够帮助大学生增加收入的途径。勤工助学是一项不需要预付任何资本的纯增值方式，而且几乎没有什么风险，但要占据一定的时间，因此，要注意兼顾好学业。勤工俭学对大学生来说，一方面可以增加工作经验，为毕业后走上工作岗位奠定基础；另一方面也可以扩大收入来源，增加手中的可支配资金。勤工俭学可以让大学生真正感受到赚钱的不易，真正在生活中重视理财，同时提升大学生社会适应能力，培养财务自立的意识。

（四）遵纪守法，洁身自好

大学生作为知识群体的代表，其行为和举止一定要符合社会规范和遵守法律法规。如今网络的盛行，各种非法或是变相欺诈类的网络活动也开始渗透进校园里，由于社会阅历较少，有些学生对于这些非法的网络现象不是十分清楚，被人引诱参与网络“赌博”“赌球”等非法活动，或是被一些不良的校园网贷平台坑害。因此，我们一定要擦亮眼睛，坚决不做违法违纪或有损大学生形象的事，充分认识网络“赌博”“赌球”及不良借贷存在的隐患和风险，增强金融风险防范意识。严密保管个人信息及证件，注意保护隐私，包括个人信息及证件等。同时，如果有贷款需要，一定要到合法的机构和平台进行贷款，各银行业金融机构都有专门针对学生群体的助学贷款等项目。

（五）培养财商，学会理财

大学生理财，最大的意义不是赚取了多少收益，而是通过理财，强化主动理财意识，养成量入为出和储蓄的良好习惯，不断丰富理财知识，提高理财能力，为未来的美好生活构筑起坚实的财务基础。大学生的学习能力、理解能力和接受能力都比较强，可以多读一些理财相关书籍，或通过网络了解银行存款、货基、互联网理财、基金定投等理财产品的不同特点，不断积累理财知识，逐步培养主动理财的意识。另外，大学生可以参加一些金融理财行业相关的知识讲座，多接触实践中的投资信息。考虑到大学生的消费特点，可以选择把生活费存入风险低、流动性好的宝宝类产品。如果手头有短期不用的闲置资金，也可选择收益更高的银行智能存款产品。智能存款安全性高，提前支取靠档计息，流动性较好，利率也比保本类产品更有优势。有的智能存款持有 1 个月年化利率就可以达到 4%，持有 1 年利率可达 4.5%。而对于那些具备理财知识和实际基础的大学生来说，可以根据自身的资金基础进行投资实践，建议从股票、基金、债券等基本的投资理财工具入手。

第三节　信用的认识与防范信贷骗局

一、信用

我们常说，在当今社会，没有信用的人将寸步难行。这个信用既包括个人诚信的品质，也包括经济社会中的信用记录。本节将着重介绍经济学中的信用概念，包括知晓其内涵、功能、形式等；明确个人信用的价值，掌握维护个人信用的途径和方法，为建立良好的个人信用记录打好基础。读者还将学习到我国征信业以及社会信用体系的结构组成，了解国外征信体系的发展，对信用在整个经济社会中的功能有更深刻的认识。

（一）信用简述

1. 信用的内涵与功能

在日常生活中，信用是个十分常见的词语，通常指的是信任、说话算数。从道德伦理角度理解“信用”，它实际上是指遵守诺言，能够履行跟人约定的事情而取得信任。

在经济学中，信用是指一种体现特定经济关系的借贷行为，这种借贷行为以偿还和付息为条件，是价值运动的特殊形式。

信用由三个要素组成。第一，债权债务关系。任何信用要得以成立，必须至少有两个当事人：一方是借入的债务人；一方是贷出的债权人。债务是将来偿还价值的义务，债权则是将来收回价值的权利。第二，时间的间隔。与买卖关系一手交钱、一手交货，钱货两清不同，信用关系中的债务人先获得借入的资金，再在约定的时期内归还。第三，信用工具。口头确定的信用关系尽管有简便、灵活的特点，但容易引起争执，难以维护债权人应有的权利。因此，通过书面签约，借助信用工具来建立和转移信用关系，是当代经济社会中的普遍现象。

信用在经济社会的众多方面发挥了重要的积极作用。

（1）信用促进资金优化配置，提高资金使用效率。通过借贷，资金可以流向投资收益更高的项目，可以使投资项目得到必要的资金，资金盈余单位又可以获得一定的收益；通过信用调剂，让资源及时转移到需要的地方，使资源得到最大化利用。

（2）信用加速资金周转，节约流通费用。信用能使各种闲置资金集中并投放出去，使大量原本处于相对静止状态的资金运动起来，对于加速整个社会的资金周转具有巨大作用，并且利用各种信用形式，还能节约大量的流通费用，增加资金生产投资。

（3）信用加速资本积聚和集中。信用是促进资金集中的有力杠杆。信用制度使社会闲散资金集中到了少数企业中，扩大了企业规模。

（4）信用有效地调整着国民经济。信用调节经济的职能主要表现在国家利用货币和信用制度来制定各项金融政策和金融法规，利用各种信用杠杆来改变信用规模及其运动趋势，从而调整国民经济。

2. 信用的产生和发展

“信用”一词最早起源于拉丁文“crdeo”，原意为信托、信誉、相信，后被引入英文——credit，具有赊欠、债权、存款的含义。人类进入原始社会末期就有了简单的信用活动，剩余产品的出现、私有制的产生、贫富的分化是早期信用产生的客观基础。人们在进行物物即期交换的同时就有了物物跨期买卖，即实物借贷。在以自然经济为主的奴隶社会和封建社会，产品商品率不高，货币化程度也不高，实物借贷便是主要的借贷形式。后来，随着生产力的发展，商品化、货币化程度提高，货币的支付手段职能在物物跨期交易中得到了发挥，信用活动便逐步演进为借实物还货币、借货币还货币的借贷活动。

在信用活动早期历史研究中，高利贷信用尤为引人注目。公元前 18 世纪的巴比伦的《汉谟拉比法典》里就有这样的规定：贷谷的利息达本金的三分之一，贷银则达五分之一。我国最早反映放债取息活动的记载是在春秋战国时期。

继高利贷资本之后的借贷资本运动是资本主义信用的主要表现形式。资本主义信用除了满足购买需要和支付需要外，更多的是将借贷资本当作生产要素以获得货币增值。

3. 信用形式

现代信用消费于18世纪、19世纪在英国、美国等国家起步，第二次世界大战以后得到迅速发展，成为重要的消费方式之一。具体而言，信用包括消费信用、商业信用、银行信用、政府信用、国家信用、国际信用六种形式。

（1）消费信用。消费信用是工商企业和银行等金融机构向消费者个人提供的信用，是直接满足消费者生活消费需求的信贷活动。对高档耐用消费品的需求增加、解决家庭收支在时间上不匹配的需要和消费观念的转变是消费信用存在的重要原因，有许多人将其俗称"用明天的钱，圆今天的梦"。

根据使用方式的不同，消费信用分为赊销、分期付款、消费贷款三种形式。

①赊销，即延期付款，是指零售商对消费者提供的短期信用，多借助信用卡等开展，消费者凭卡在预定商户购物或支付劳务费，定期结算清偿。

②分期付款，指零售商对消费者购买高档耐用消费品提供的中长期信用，由于信贷期限较长，消费者需分次清偿。

③消费贷款，指银行等金融机构对消费者提供的信用。它具体又分为买方信贷和卖方信贷两种方式。买方信贷是指银行直接对消费者放贷，用于购买消费品；卖方信贷（俗称"按揭"）是指银行、消费者及出售消费品的三方共同签署合同，约定在企业出售消费品给消费者后，以消费品（或分期付款单证）作抵押，由银行对企业发放贷款，而后由消费者逐步偿还银行贷款。

在实践中，根据用途的不同，消费信用又可分为住房消费信贷、汽车消费信贷等形式。

（2）商业信用。如果把消费信用简单理解为银行和消费者个人之间的信用，那么商业信用就是指非金融企业之间的信用。商业信用的具体形式有很多，包括赊销、分期付款、委托代理、预付、按工程进度付款等。商业信用的产生与产业资本的循环周转密切相关，社会再生产的一方在销售商品的时候遇到需求商品的一方缺乏现款时，需求方就会向供给方提出赊销的要求。赊销其实是一种共赢的方式，它不仅使需求方解决了现款不足对商品生产的限制，而且使供给方降低了库存商品的成本，存货周期加快，并且赊销使供给方在竞争中处于有利地位。

商业信用内含了两种同时发生的经济关系，即买卖关系和借贷关系。买卖商品是商业信用的出发点和目的，借贷关系从属于买卖关系，是买卖关系凭借的形式。因此，商业信用与其他信用都不同，它既不是实物借贷，也不是货币借贷，它是信用形式下的商品交换，是与特定商品交易联系在一起的信用活动。

（3）银行信用。银行信用是商业银行等金融机构以货币形式与企业和个人之间发生的借贷活动。银行信用是在商业信用基础上产生和发展起来的。一方面，银行将在社会再生产过程中游离出来的暂时闲置的货币收集起来，形成巨额资金；另一方面，银行又通过贷款、贴现等方式将筹集的资金投放出去，满足社会对资金的需求。

（4）政府信用。政府信用是指以财政为主体的信用，是政府同其他信用主体之间发生的信用关系。它既包括政府以信用方式筹集资金、增加财政收入，也包括政府以信用方式运用资金，提高财政资金的使用效率。在这种借贷活动中，信用主体是政府，具体包括各级财政及财政部门。在有偿筹集资金时，政府及其代表者是债务人。

政府信用是一种特殊的财政分配形式，它依据的是借贷原则，与依据国家政治权力和财产权利参与一部分社会产品或国民收入分配的财政形式（如税收和上缴国有资产收益等）有着严格的划分。尽管政府信用依据的是借贷原则，但它具有财政分配最基本的属性，其有偿筹资和有偿使用的资金仍是财政属性的资金，以实现财政职能为目的。

（5）国家信用。国家信用是指以国家为主体进行的一种信用活动。国家按照信用原则以发行债券等方式，从国内外货币持有者手中借入货币资金，因此，国家信用是一种国家负债，指以国家为一方所取得或提供的信用。国家信用的基本形式是发行政府债券，包括发行国内公债、国外公债、国库券等。国家信用的产生是由于通过正常的税收等形式不足以满足国家的财政需要。

国家信用是一种特殊资源，政府享有支配此种资源的特权，负责任的好政府绝不能滥用国家信用资源，政府利用国家信用负债获得的资金应该主要用于加快公共基础设施的建设，以及为保障经济社会顺利发展并促进社会公平的重要事项，以向社会公众提供更多的公共物品服务，并实现社会的和谐与安宁。国家信用应当由国家的法律予以保障。

（6）国际信用。国际信用是国际的借贷关系，债权人与债务人是不同国家的法人。国际信用体现的是国与国之间的债权债务关系，直接表现为资本与国际的流动。

（二）征信

1. 征信的概念和功能

征信是指依法收集、整理、保存、加工自然人或法人及其他组织的信用信息，并对外提供信用报告、信用评估、信用信息咨询等服务，帮助客户判断、控制信用风险，进行信用管理的活动。

我国征信业的发展，自 1932 年第一家征信机构——中华征信所诞生算起，已经有了 90 多年的历史。但其真正得到发展，是从改革开放开始的。

20 世纪 80 年代后期，为适应企业债券发行和管理，中国人民银行批准成立了第一家信用评级公司——上海远东资信评级有限公司。同时，为满足涉外商贸往来中的企业征信信息需求，对外经济贸易部计算中心和国际企业征信机构邓白氏公司合作，相互提供中国和外国企业的信用报告。1993 年，专门从事企业征信的新华信国际信息咨询有限公司开始正式对外提供服务。此后，一批专业信用调查中介机构相继出现，征信业的雏形初步显现。

2003 年，国务院赋予中国人民银行“管理信贷征信业，推动建立社会信用体系”职责，批准设立征信管理局。同年，上海、北京、广东等地率先启动区域社会征信业发展试点，一批地方性征信机构设立并得到迅速发展，部分信用评级机构开始开拓银行间债券市场信用评级等新的信用服务领域，国际知名信用评级机构先后进入中国市场。2004 年，中国人民银行建成全国集中统一的个人信用信息基础数据库，2005 年银行信贷登记咨询系统升级为全国集中统一的企业信用信息基础数据库。2013 年 3 月，《征信业管理条例》正式实施，明确中国人民银行为征信业监督管理部门，征信业步入了有法可依的轨道。

那么征信的存在又有什么意义呢？实际上，征信在促进信用经济发展和社会信用体系建设中发挥着重要的基础作用。具体表现为：

（1）防范信用风险。征信降低了交易中因参与各方的信息不对称而带来的交易风险，从而起到风险判断和揭示的作用。

（2）扩大信用交易。征信解决了制约信用交易的瓶颈问题，促成信用交易的达成，促进金融信用产品和商业信用产品的创新，有效扩大信用交易的范围和方式，带动信用经济规模的扩张。

（3）提高经济运行效率。通过专业化的信用信息服务，降低了交易中的信息收集成本，缩短了交易时间，拓宽了交易空间，提高了经济主体的运行效率，促进了经济社会的发展。

（4）推动社会信用体系建设。征信业是社会信用体系建设的重要组成部分，发展征信业，有利于维护良好的经济和社会秩序，促进社会信用体系建设的不断发展完善。

2. 征信机构与征信数据

征信机构是指依法设立的、独立于信用交易双方的第三方机构，专门从事收集、整理、加工和分析企业及个人信用信息资料工作，出具信用报告，提供多样化征信服务，帮助客户判断和控制信用风险等。征信机构是征信市场的支柱，在现代市场经济条件下扮演着至关重要的角色，是信息不对称情况下扩大市场交易规模的必要前提。如果没有征信机构承担的社会功能，社会信用很难充分发挥作用。征信机构通常分为三大类，即企业征信机构、个人征信机构、财产征信机构。

征信机构采集的信用信息资料形成征信数据，征信数据的内容涵盖所有判断借款人信用风险的信息。一般来说，征信机构采集的借款人信息主要包括四个方面：一是身份识别信息，如单位名称或个人姓名、身份证号码、出生日期、地址、就业单位等；二是负债状况和信贷行为特征信息，即借款人的当前负债状况、担保状况和还款的历史信息；三是判断企业和个人还款能力的信息，如企业的各项财务指标、个人的收入状况、资产与负债状况等；四是特殊信息，如法院民事判决信息、税务部门已公告的欠税信息、缴纳电信等公共事业费用信息、缴纳各类社会保障费用和住房公积金信息、个人学历信息、个人职业信息等。

征信机构按所有权性质的不同，可分为公共征信机构、私营征信机构和混合征信机构；按信息主体的不同，可分为个人征信机构、企业征信机构、信用评级机构及其他信用信息服务机构。公共征信机构以德国、法国为代表，美国是典型的私营征信机构模式，日本是典型的混合征信机构模式。

在技术创新和金融市场自由化的激励下，征信机构不断发展，其趋势主要体现在征信行业集中度迅速提高；产品经营日益多元化；商业化、互惠合作模式的适应性更强；对征信立法的重视程度不断提高。

（三）个人信用报告

1. 个人信用报告的含义与作用

个人信用报告是全面记录个人信用活动，反映个人信用状况的文件，是个人信用信息基础数据库的基础产品。个人信用报告由信用报告名称和信用报告内容组成。信用报告内容包括信用报告头、信用报告主体、信用报告说明三个部分。

个人信用报告除了找银行申办房贷、办信用卡等有借款性质的业务以外，还在多个领域有重要作用。信用记录几乎涉及个人每一项重大经济活动，如果没有良好的个人信用记录，很多事可能都办不成。

（1）找工作。一些单位招聘时，已经把政审材料改为个人信用报告，尤其是银行、保险、证券等行业，大多数在招聘时都要求提供个人信用报告。部分企业在招聘财务人员时，也要求应聘者提供个人信用报告。在国内许多地区，个人信用报告已成为求职材料中不可缺少的内容。以湖北为例，自出台《湖北省个人信用信息采集与应用管理办法（试行)》以后，不仅部分人找工作要提供个人信用报告，有时评先进个人也需要提供个人信用报告。

(2) 开账户。股指期货投资者在申请开户时，也要求提供个人信用报告。知情人士称，金融期货交易所已要求期货公司对股指期货自然人投资者进行适当性综合评估时，明确规定“投资者提供近两个月的个人信用报告或者其他信用证明文件以作为诚信记录的证明”。中国人民银行征信中心为股指期货开户申请人提供了社会版个人信用报告的查询。在办理股指期货开户申请时，中国人民银行征信中心会对申请人进行综合评分，若个人信用报告有污点，就会扣15分。

(3) 租房子。为了解租房当事人的信用情况，防范出租房屋风险，已有房屋出租人要求承租人出示个人信用报告。一些房产中介称，已有部分房东要求租房者提供个人信用报告。此举主要是让租房者证明自己比较诚信，一不会故意损坏屋内设施，二不会逃房租。

2. 个人信用报告的维护

既然个人信用报告如此重要，那么公民怎样才能维护自己的信用报告呢？

(1) 修复记录。部分商业银行人士透露，从他们日常审批个人信贷的情况来看，市民的个人信用报告中，出现个人信用污点主要集中在以下几个方面。

①按揭贷款没有按期还款而产生逾期记录。

②信用卡透支消费没有按时还款而产生逾期记录。

③按揭贷款、消费贷款等贷款利率上调以后，仍按原金额支付月供，从而导致还款金额不足，由此产生欠息逾期。

④市民在为第三方提供担保时，由于第三方没有按时偿还贷款，所以造成担保人有逾期记录。

⑤个人信用报告会记录法院部分经济类判决。因此，欠账等经济纠纷也会影响信用记录。

出现信用污点后，首先应避免出现新的逾期。银行在判断一个人的信用状况时，通常考察的是这个人最近的信贷交易情况。如果一个人偶尔出现了逾期还款，但此后都按时、足额还款，这足以证明其信用状况正在向好的方向发展。

另外，若信用卡出现了逾期，千万不要采取注销信用卡的方式来解决，应该采取正常使用、正常还款的方式，因为一旦信用卡逾期以后被注销，就有可能被银行认定为“恶意透支”。

(2) 查询报告。个人作为信用报告的主体，享有查询报告的基本权利，中国人民银行征信中心可以向个人提供本人信用报告查询服务。市民可以到所在地的中国人民银行各地分支行、征信分中心查询。此外，还可以借助中国人民银行征信中心的互联网个人信用信息服务平台进行线上查询。

个人在查询个人信用报告时，需要携带自己的有效身份证件的原件及复印件，其中复印件要留给查询机构备查。在查询时，还需如实填写个人信用报告本人查询申请表。

（3）提出异议申请。市民发现个人信用报告记载的内容有误，可以提出异议申请。

在提出异议申请时，需要本人亲自到场，并携带自己的有效身份证件的原件及复印件，其中复印件要留给查询机构备查。在查询时，还需如实填写个人信用报告个人异议申请表。

也可以委托他人提出异议申请，代理人应携带委托人和代理人的有效身份证件原件及复印件、委托人授权查询委托书、授权委托书公证证明或委托人近一周的信用报告。若对异议处理结果仍然有异议，除可以向中国人民银行征信部门反映、向法院提起诉讼外，还可以向当地人民银行征信管理部门申请在个人信用报告上发表个人声明。

（四）社会信用体系

1. 社会信用体系的概念与功能

社会信用体系也称国家信用管理体系或国家信用体系，是以相对完善的法律、法规体系为基础，以建立和完善信用信息共享机制为核心，以信用服务市场的培育和形成为动力，以信用服务行业主体竞争力的不断提高为支撑，以政府强有力的监管体系为保障的国家社会治理机制。

社会信用体系包括公共信用体系、企业信用体系和个人信用体系。三者共同作用，构成了完整的社会信用体系。这些部分或要素相互分工、相互协作，共同守护市场经济的信用圣地，促进社会信用体系的完善和发展，制约和惩罚失信行为，从而保障社会秩序和市场经济的正常运行。

社会信用体系的核心作用在于，记录社会主体信用状况，揭示社会主体信用优劣，警示社会主体信用风险，并整合全社会力量褒扬诚信、惩戒失信；充分调动市场自身的力量净化环境，降低发展成本，降低发展风险，弘扬诚信文化。完善的社会信用体系是信用发挥作用的前提，它保证授信人和受信人之间遵循一定的规则达成交易，保证经济运行的公平和效率。具体来说，社会信用体系的功能有以下三种。

（1）社会信用体系具有记忆功能，能够保存失信者的记录。

（2）社会信用体系具有揭示功能，能够扬善惩恶，提高经济效率。

（3）社会信用体系具有预警功能，能对失信行为进行防范。

2. 社会信用体系建设

我国社会信用体系建设经历了起步阶段、初步发展阶段、加速发展阶段三个阶段，现在已经进入全面推进社会信用体系建设的加速发展阶段。

2014 年 6 月，国务院印发《社会信用体系建设规划纲要（2014—2020 年）》，提出到 2020 年，以信用信息资源共享为基础的覆盖全社会的征信系统基本建成，守信激励和失信惩戒机制全面发挥作用。2022 年 12 月 30 日，国家发展改革委、人民银行会发布《全国公共信用信息基础目录（2022 年版）》（共纳入公共信用信息 12 类）和《全国失信惩戒措施基础清单（2022 年版）》（所列失信惩戒措施包括三类，共 14 项）。自 2023 年 1 月 1 日起施行，有效期截至 2023 年 12 月 31 日。

社会信用体系建设主要包括推进政务诚信、商务诚信、社会诚信、司法公信建设四个方面的内容。

（1）推进政务诚信建设。政务诚信是社会信用体系建设的关键，各类政务行为主体的诚信水平，对其他社会主体诚信建设发挥着重要的表率和导向作用。

（2）推进商务诚信建设。商务诚信是社会信用体系建设的重点。要以生产、流通、金融、税务、工程建设、电子商务、交通运输、文化、旅游、会展广告和社会中介等领域为重点，建立各市场参与主体信用信息记录和使用制度。

（3）推进社会诚信建设。社会诚信是社会信用体系建设的基础，要以医疗卫生、社会保障、劳动保障、环境保护、教育科研、知识产权和社会组织等领域诚信建设为重点，带动社会诚信建设全面开展，积极营造诚实自律、守信互信的良好社会信用环境。

（4）推进司法公信建设。司法公信既是社会信用体系建设的保障，更是社会公平正义的底线。要以司法公开为原则，以司法公信和司法执法人员信用建设为重点，进一步加强审务公开、检务公开、警务公开、狱（所）务公开，以公开促公正、强公信。

二、防范信贷骗局

“这个月的花呗还了吗?”是许多年轻人日常生活的真实写照，互联网信贷骗局的新闻也屡见不鲜。而实际上，除了以花呗为代表的互联网信贷产品，信用卡等传统信贷产品的使用也非常广泛，各种形式的个人消费信贷都与我们紧密相关。

（一）个人消费信贷

个人消费信贷是指银行或其他金融机构采取信用、抵押、质押担保或保证方式，以商品型货币形式向个人消费者提供的信用。个人消费信贷最先兴起于 17 世纪 20 年代的英国，其主要目的是适度超前消费，缓和供给和需求之间的矛盾，促进经济增长。个人消费信贷使个人消费行为打破现实流动性约束限制，把当前消费同中长期甚至一生的收入水平联系到一起。个人消费信贷产品从诞生之初到现在，已经成为人们日常生活中最重要的消费方式之一，整个信贷额度中，消费信贷所占的比重越来越高，一般为20%～40%，有的甚至高达60%。与此同时，个人消费信贷市场也为经济增长做出了重要贡献。

在我国，受历史上传统小农自给自足思想影响，近现代市场经济发展也相对滞后，个人消费信贷的产生和发展较晚，目前为止尚处于起步和初期发展阶段。20世纪80年代住房体制改革，才开始探索住房消费信贷，1998年以后商业银行的个人消费信贷业务才进入比较快速的发展阶段。另外，国内不同地区之间经济社会发展存在较大的差距，也使得个人消费信贷市场在国内不同地区的发展极不平衡，进而阻碍了我国消费信贷市场的发展。

目前我国商业银行个人消费信贷常见的有以下几类。

1. 个人短期信用贷款

个人短期信用贷款是指贷款人为解决由本行办理代发工资业务的借款人临时性需要而发放的、期限在一年以内、额度在2000元至2万元且不超过借款人月均工资性收入6倍的、无须提供担保的人民币信用贷款。该贷款一般不能展期。

2. 个人综合消费贷款

个人综合消费贷款是贷款人向借款人发放的不限定具体消费用途、以贷款人认可的有效权利作质押担保或能以合法有效房产作抵押担保、借款金额在2000元至50万元、期限在6个月至3年的人民币贷款。

3. 个人旅游贷款

个人旅游贷款是贷款人向借款人发放的用于支付旅游费用、以贷款人认可的有效权利作质押担保或者由具有代偿能力的单位或个人作为偿还贷款本息并承担连带责任的保证人提供保证、借款金额在2000元至5万元、期限在6个月至2年且提供不少于旅游项目实际报价30%首期付款的人民币贷款。

4. 国家助学贷款

国家助学贷款分为一般助学贷款和特困生贷款，是贷款人向全日制高等学校中经济困难的在校学生发放的用于支付学费和生活费并由教育部门设立“助学贷款专户资金”给予贴息的人民币专项贷款。

5. 个人汽车贷款

个人汽车贷款是贷款人向在特约经销商处购买汽车的借款人发放的用于购买汽车，以贷款人认可的权利质押或者具有代偿能力的单位或个人作为还贷本息并承担连带责任的保证人提供保证，在贷款银行存入首期车款，借款金额最高为车款的 70%，期限最长不超过 5 年的专项人民币贷款。

6. 个人住房贷款

个人住房贷款是贷款人向借款人发放的用于购买自用普通住房或者城镇居民修房、自建住房，以贷款人认可的抵押、质押或者保证，在银行存入首期房款，借款金额最高为房款的 70%、期限最高为 30 年的人民币专项贷款。个人住房贷款又分为自营性个人住房贷款、委托性个人住房贷款和个人住房组合贷款三种。

（二）网络信贷骗局与防范

网络借贷主要指网络小额贷款，是指互联网企业通过其控制的小额贷款公司，利用互联网向客户提供的小额贷款。随着经济的快速发展和网络技术的不断进步，互联网技术快速融入金融行业，发展为一种与传统金融相结合的新兴产物——互联网金融。互联网金融在一定程度上为我们的生活带来了便利，但时有发生的网络信贷骗局往往会给受害者造成严重的财产损失，需要我们仔细识别、严加防范。

1. 骗局一：未放款却先收费

放款之前先收费是无抵押贷款最常见的伎俩，贷款被骗者中，十之八九都是掉进了这个坑里。骗子往往抓住借款人急于求成的心理。

第一步：取得信任，号称只需要提供“身份证”之类的信息就可以拿到借款。

第二步：编造各种理由，提前收取借款人的费用，通常以材料费、保证金等为由头骗取借款人上钩。

第三步：当借款人将钱打入对方账户以后，骗子完成一轮骗局，消失。

犯罪嫌疑人往往抓住人们急于用钱的心理，以先收手续费再放款为理由骗取钱财。无论是在哪一个金融平台上进行贷款申请，所有正规的单位都不会在放贷之前收取任何费用，牢记这一点，可以避免 90% 的骗局。

2. 骗局二：承诺低息实为高利贷

很多无抵押贷款骗局打着“日息低至××”的幌子，将借款人骗过来，最后以高息放款。比如，媒体曾报道过一起借款人被骗的案例，市民王先生贷款 3 万元，结果日息高达 3000 元；再如女大学生借钱周息高达 30%。这种高利贷通常还伴随着暴力催收，一旦上钩，就很难走出这个恶性循环。

“超低利率，1 万元借 1 天利息 2 元起”“当日借款次日可还，按日计息”……在互联网贷款平台营销宣传中，存在只介绍日利率，闭口不提年化利率的网贷潜规则。在营销宣传时只突出日利率，很容易给金融消费者造成利息较低的错觉，诱导过度借贷。当碰到声称利息比银行还要低的金融机构时，一定要谨记“天上不会掉馅饼”。在签订贷款合同时，一定要对高利贷有基本的认识。

3. 骗局三：包装资质承诺成功

“凭一张身份证，不管你是黑户还是白户，当天就能下款20万元到50万元。”这是大家经常收到的诈骗短信内容。通常情况下，市民一旦交纳手续费，按照对方的要求办理了贷款，最终遇到的结果就是贷款没到手，先被骗走高额的手续费。

在正常办理无抵押贷款的过程中，银行和金融机构一般要求贷款人提供信用担保。这并不意味着可以在完全没有任何条件的情况下凭空获得贷款，它要求贷款人具备相当多的条件，对于贷款人的资质也有很高的要求。确实有提供小额贷款的公司可以提供无抵押贷款的服务，但是因为这些公司没有巨额的资金支持，所以他们在审核贷款人资质的时候，反而比银行更为严格。根据我国法律规定，采用这种虚假的包装贷到款，可能触犯刑法，涉嫌骗取贷款罪或者贷款诈骗罪。

第七章　高校财经素养教育教学实践——经济、财政与金融基本理论

第一节　经济学原理的理解与应用

经济学原理是反映经济发展客观规律的经济学科学规律，可以帮助大学生在很多方面做出选择和找到平衡。本节系统地介绍了经济学的十大原理，分别从决策、交易、整体经济的角度介绍了这些原理。

一、人们如何做出决策

（一）原理一：人们面临均衡取舍

天下没有免费的午餐，要想得到一种东西都要以放弃另外一种的东西为代价——机会成本。

做出决策的第一课可以归纳为一句谚语："天下没有白吃的午餐。"为了得到我们喜爱的一件东西，通常就不得不放弃另一件我们喜爱的东西。做出决策要求我们在一个目标与另一个目标之间有所取舍。

我们考虑一个学生必须决定如何配置他的最宝贵的资源——时间。可以把所有的时间用于学习经济学；可以把所有的时间用于学习心理学；也可以把时间分配在这两个学科上。把某一个小时用于学习一门课时，就必须放弃本来可以学习另一门课的一小时。而且对于用于学习一门课的每一个小时，都要放弃本来可用于睡眠、骑车、看电视或打工赚点

零花钱的时间。

还可以考虑父母决定如何使用自己的家庭收入。他们可以购买食物。衣服，或全家度假。或者他们也可以为退休或孩子的大学教育储蓄一部分收入。当他们选择把额外的1美元用于上述物品中的一种时，他们在某种其他物品上就要少花1美元。

当人们组成社会时，他们面临各种不同的交替关系。典型的交替关系是“大炮与黄油”之间的交替。我们把更多的钱用于国防以保卫我们的海岸免受外国入侵（大炮）时，我们能用于提高国内生活水平的个人物品的消费（黄油）就少了。在现代社会里，同样重要的是清洁的环境和高收入水平之间的交替关系。要求企业减少污染的法律增加了生产物品与劳务的成本。由于成本高，结果这些企业赚的利润少了，支付的工资低了，收取的价格高了，或者是这三种结果的某种结合。因此，尽管污染管制给予我们的好处是更清洁的环境，以及由此引起的健康水平提高，但其代价是企业所有者、工人和消费者的收入减少。

社会面临的另一种交替关系是效率与平等之间的交替。效率是指社会能从其稀缺资源中得到最多东西。平等是指这些资源的成果公平地分配给社会成员。换句话说，效率是指经济蛋糕的大小，而平等是指如何分割这块蛋糕。在设计政府政策的时候，这两个目标往往是不一致的。

认识到人们面临交替关系本身并没有告诉我们，人们将会或应该做出什么决策。一个学生不应该仅仅由于要增加用于学习经济学的时间而放弃心理学的学习。社会不应该仅仅由于环境控制降低了我们的物质生活水平而不再保护环境。也不应该仅仅由于帮助穷人扭曲了工作激励而忽视了他们。然而，认识到生活中的交替关系是重要的，因为人们只有了解他们可以得到的选择，才能做出良好的决策。

（二）原理二：一种东西的成本是为了得到他而放弃的东西（机会成本）

会计成本＝劳务与资本

经济成本＝劳务与资本的机会成本

由于人们面临着交替关系，所以，做出决策就要比较可供选择的行动方案的成本与收益。但是，在许多情况下，某种行动的成本并不像乍看时那么明显。

例如，考虑是否上大学的决策。收益是使知识丰富和一生拥有更好的工作机会。但成本是什么呢？要回答这个问题，你会想到把你用于学费、书籍、住房和伙食的钱加总起来。但这种总和并不真正地代表你上一年大学所放弃的东西。

这个答案的第一个问题是，它包括的某些东西并不是上大学的真正成本。即使你离开了学校，你也需要有睡觉的地方，要吃东西。只有在大学的住宿和伙食比其他地方贵时，贵的这一部分才是上学的成本。实际上，大学的住宿与伙食费可能还低于你自己生活时所支付的房租与食物费用。在这种情况下，住宿与伙食费的节省便是上大学的收益。

这种成本计算的第二个问题是，它忽略了上大学最大的成本——你的时间。当你把一年的时间用于听课、读书和写文章时，你就不能把这段时间用于工作。对大多数学生而言，为上学而放弃的工资是他们受教育的最大单项成本。

一种东西的机会成本是为了得到这种东西所放弃的东西。当做出任何一项决策，例如是否上大学时，决策者应该认识到伴随每一种可能的行动而来的机会成本。实际上，决策者通常是知道这一点的。那些上大学的运动员如果退学而从事职业运动就能赚几百万元，他们深深认识到，他们上大学的机会成本极高。他们往往如此决定：不值得花费这种成本来获得上大学的收益。这一点也不奇怪。

（三）原理三：理性人考虑边际量

常见应用：比较边际成本与边际收益来改善经济效益。

生活中的许多决策涉及对现有行动计划进行微小的增量调整。经济学家把这些调整称为边际变动。在许多情况下，人们可以通过考虑边际量来做出最优决策。

例如，假设一位朋友请教你，他应该在学校上多少年学。如果你给他用一个拥有博士学位的人的生活方式与一个没有上完小学的人进行比较，他会抱怨这种比较无助于他的决策。你的朋友很可能已经受过某种程度的教育，并要决定是否再多上一两年学。为了做出这种决策，他需要知道，多上一年学所带来的额外收益和所花费的额外成本。通过比较这种边际收益与边际成本，他就可以评价多上一年学是否值得。

再举一个考虑边际量如何有助于做出决策的例子，考虑一个航空公司决定对等退票的乘客收取多高的价格。假设一架 200 个座位的飞机横越国内飞行一次，航空公司的成本是 10 万美元。在这种情况下，每个座位的平均成本是 10 万美元/200，即 500 美元。有人会得出结论：航空公司的票价绝不应该低于 500 美元。

但航空公司可以通过考虑边际量而增加利润。假设一架飞机即将起飞时仍有 10 个空位，在登机口等退票的乘客愿意支付 300 美元买一张票。航空公司应该卖给他票吗？当然应该。如果飞机有空位，多增加一位乘客的成本是微乎其微的。虽然一位乘客飞行的平均成本是 500 美元，但边际成本仅仅是这位额外的乘客将消费的一包花生米和一罐汽水的成本而已。只要等退票的乘客所支付的钱大于边际成本，卖给他机票就是有利可图的。

正如这些例子说明的，个人和企业通过考虑边际量将会做出更好的决策。只有一种行动的边际收益大于边际成本，一个理性决策者才会采取这项行动。

（四）原理四：人们会对激励做出反应

当改变政策外部环境人也会相应调整自己的策略。

由于人们通过比较成本与收益做出决策，所以，当成本或收益变动时，人们的行为也会改变。这就是说，人们会对激励做出反应。例如，当苹果的价格上升时，人们就决定多吃梨少吃苹果，因为购买苹果的成本高了。同时，苹果园主决定雇用更多工人并多摘苹果，因为出售苹果的收益也高了。

对设计公共政策的人来说，激励在决定行为中的中心作用是重要的。公共政策往往改变了私人行动的成本或收益。当决策者未能考虑到行为如何由于政策的原因而变化时，他们的政策就会产生他们意想不到的效果。

举个例子来说明这种不想要的效果，考虑一下有关安全带和汽车安全的公共政策。在20世纪50年代有安全带的汽车很少。现在所有的汽车都有安全带，这种变化的原因是公共政策。

20世纪60年代后期，拉尔夫·纳德尔（RalphNader）的著作《任何速度都不安全》引起公众对汽车安全的关注。国会的反应是通过立法要求汽车公司生产包括安全带在内的各种安全设备，安全带成为所有新汽车的标准设备。

安全带的法律如何影响汽车安全呢？直接的影响是显而易见的。由于所有汽车都有安全带，更多的人系安全带，重大车祸发生时存活的概率提高了。从这种意义上说，安全带拯救了一些人的生命。安全带对安全的这种直接影响正是国会要求有安全带时的动机。

但是，要完全了解这个法律的影响就必须认识到，人们由于他们所面临的激励而改变了自己的行为。在这种情况下，相关的行为是驾驶员开车时的速度和谨慎程度。缓慢而谨慎地开车是有代价的，因为这要耗费驾驶员的时间和精力。当决定谨慎开车的程度时，理性人要比较谨慎开车的边际收益和边际成本。当提高安全程度的收益高时，他们就会更慢、更谨慎地开车。这就可以解释为什么人们在道路有冰时会比道路干净时更缓慢而谨慎地开车。

现在来考虑安全带法律如何改变了一个理性驾驶员的成本——收益计算。安全带降低了驾驶员的车祸代价，因为它们减少了伤亡的概率。因此，安全带法律减少了缓慢而谨慎地开车的收益。人们对安全带的反应和对道路状况改善的反应一样——更快更放肆地开车。这样，安全带法律最终的结果是更多的车祸次数。

这个法律如何影响开车死亡的人数？系安全带的驾驶员在任何一次车祸中存活的可能性更大，但他们更可能发现他们的车祸更多了。净效应是不确定的。此外，安全开车程度的下降对行人（以及没有系安全带的驾驶员）显然有不利的影响。他们会由于这一法律而有危险，因为他们很可能发现自己遇上了车祸而又没有安全带的保护。因此，安全带的法律倾向于增加行人死亡的数量。

乍一看，这种关于激励与安全带的讨论似乎是毫无根据的猜测。但是，经济学家萨姆·佩兹曼（Sam Peltzman）在1975年发表的一篇文章中说明了，实际上汽车安全法有许多这类意想不到的影响。根据佩兹曼的证据，这些法律减少了每次车祸的死亡人数而增加了车祸的次数。净结果是驾驶员死亡人数变动很小，而行人死亡人数增加了。

佩兹曼对汽车安全的分析仅仅举出了人们对激励做出反应的一般原理的一个例子。经济学家研究的许多激励要比汽车安全法的激励更为直接。例如，没有一个人对向苹果征税会引起人们少买苹果感到惊讶。然而，正如安全带的例子所说明的，政策有时也会有事先并不明显的影响。在分析任何一种政策时，不仅应该考虑直接影响，而且应该考虑激励发生作用的间接影响。如果政策改变了激励，它就将使人们改变自己的行为。

二、人们如何相互交易

（一）原理五：贸易使每个人的经济状况变好

比较优势的原理使得每个人从事相对优势的行业，互相贸易比自给自足要情况好转。

前四个原理讨论了个人如何做出决策。在我们人生的旅途中，我们的许多决策不仅影响我们自己，而且还影响其他人。

也许你在新闻中听到过，在世界经济中日本人是我们的竞争对手。在某些方面，这是真的，因为美国和日本企业生产许多相同的产品。福特公司和丰田公司在汽车市场上争夺同样的顾客。康柏公司和东芝公司在个人电脑市场上争夺同样的顾客。

但在思考国家之间的竞争时，这种想法很容易成为误导。美国和日本之间的贸易并不像体育比赛一样，一方赢而另一方输。实际上，事实正好相反：两国之间的贸易可以使每个国家的状况都变得更好。

为了说明原因，我们考虑贸易如何影响你的家庭。当你的一个家庭成员找工作时要与也在找工作的其他家庭成员竞争。当各个家庭购物时，他们也相互竞争，因为每个家庭都想以最低的价格购买最好的东西。因此，在某种意义上说，经济中每个家庭都与所有其他家庭竞争。

尽管有这种竞争，但把你的家庭与所有其他家庭隔绝开来并不会过得更好。如果是这样，你的家庭就必须自己种粮食，自己做衣服，盖自己住的房子。显然，你的家庭在与其他家庭交易的能力中受益匪浅。无论是在耕种、做衣服或盖房子方面，贸易使每个人可以专门从事自己最擅长的活动。通过与其他人交易，人们可以按较低的价格买到各种各样的物品与劳务。

国家和家庭一样也从相互交易的能力中获益。贸易使各国可以专门从事自己最擅长的活动，并享有很多的各种各样物品与劳务。日本人和法国人、埃及人与巴西人一样，既是我们的竞争对手，又是我们在世界经济中的伙伴。

（二）原理六：市场通常是组织经济活动的一种好方式

市场经济是指当许多企业与家庭在物品与劳务市场上相互贸易时，通过他们的分散决策来配置资源的经济。通过看不见的手来指引经济的工具——价格。

当政府阻止价格自发调节市场资源的时候，他就限制了看不见的手的协调组织能力。这也解释了为什么税收对资源配置有不利的影响。税收扭曲了价格，扭曲了企业与家庭的决策。

在一个市场经济中，中央计划者的决策被千百万企业和家庭的决策取代。企业决定雇用谁和生产什么。家庭决定为哪家企业工作，以及用自己的收入买什么。这些企业和家庭在市场上相互交易，价格和个人利益引导着他们的决策。

乍一看，市场经济的成功是一个谜。千百万利己的家庭和企业分散作出决策似乎会引起混乱，但事实并非如此。事实已经证明，市场经济在以一种促进普遍经济福利的方式组织经济活动方面非常成功。

经济学家亚当·斯密在他1776年的著作《国富论》中提出了全部经济学中最有名的观察结果：家庭和企业在市场上相互交易，他们仿佛被一只“看不见的手”所指引，引起了合意的市场结果。本书的目的之一就是要解释这只看不见的手如何施展它的魔力。当你学习经济学时，你将会知道，价格就是看不见的手用来指引经济活动的工具。价格既反映了一种物品的社会价值，也反映了生产该物品的社会成本。由于家庭和企业在决定购买什么和出卖什么时关注价格，所以，他们就不知不觉地考虑到了他们行动的社会收益与成本。结果，价格指引这些个别决策者在大多数情况下实现了整个社会福利最大化的结果。

（三）原理七：政府有时候可以改善市场结果

市场失灵是指市场本身不能有效地配置资源的情况。

市场失灵的情况：外部性、市场势力。

虽然市场通常是组织经济活动的一种好方法，但这个规律也有一些重要的例外。政府干预经济的原因有两类：促进效率和促进平等。这就是说，大多数政策的目标如果不是把经济蛋糕做大，就是改变蛋糕的分割。

看不见的手通常会使市场有效地配置资源。但是，由于各种原因，有时看不见的手不起作用。经济学家用市场失灵这个词来指市场本身不能有效配置资源的情况。

市场失灵的一个可能原因是外部性。外部性是一个人的行动对旁观者福利的影响。污染是一个典型的例子。如果一家化工厂并不承担它排放烟尘的全部成本，它就会大量排放。在这种情况下，政府就可以通过环境保护来增加经济福利。

市场失灵的另一个可能原因是市场势力。市场势力是指一个人（或一小群人）不适当地影响市场价格的能力。例如，假设镇里的每个人都需要水，但只有一口井。这口井的所有者对水的销售就有市场势力——在这种情况下，它是一个垄断者。这口井的所有者并不受残酷竞争的限制，而正常情况下看不见的手正是以这种竞争来制约个人的私利。你将会知道，在这种情况下，规定垄断者收取的价格有可能提高经济效率。

“看不见的手”也不能确保公平地分配经济成果。市场经济根据人们生产其他人愿意买的东西的能力来给予报酬。世界上最优秀的篮球运动员赚的钱比世界上最优秀的棋手多，只是因为人们愿意为看篮球比赛比看象棋比赛付更多的钱。看不见的手并没有保证每个人都有充足的食品，体面的衣服和充分的医疗保健。许多公共政策（如所得税和福利制度）的目标就是要实现更平等的经济福利分配。

三、整体经济如何运行

（一）原理八：一国的生活水平取决于他生产商品与劳务的能力

几乎所有生活水平的变动都可归因于生产力的变化。

我们从讨论个人如何做出决策开始，然后考察人们如何相互交易。所有这些决策和相互交易共同组成了“经济”。

随着时间推移，生活水平的变化也很大。在美国，从历史上看，收入的增长每年为2% 左右（根据生活费用变动进行调整之后）。按这个比率，平均收入每 35 年翻一番。在一些国家，经济增长甚至更快。例如，在日本，近 20 年间平均收入翻了一番，而韩国在近 10 年间平均收入翻了一番。

用什么来解释各国和不同时期中生活水平的巨大差别呢？答案之简单出人意料。几乎所有生活水平的变动都可以归因于各国生产率的差别——这就是一个工人 1 小时所生产的物品与劳务量的差别。在那些每单位时间工人能生产大量物品与劳务的国家，大多数人享有高生活水平；在那些工人生产率低的国家，大多数人必须忍受贫困的生活。同样，一国的生产率、增长率决定了平均收入增长率。

生产率和生活水平之间的基本关系是简单的，但它的意义是深远的。如果生产率是生活水平的首要决定因素，那么，其他解释的重要性就应该是次要的。例如，有人想把 20 世纪美国工人生活水平的提高归功于工会或最低工资法，但美国工人的真正英雄行为是他们提高了生产率。另一个例子是，一些评论家声称，美国近年来收入增长放慢是由于日本和其他国家日益激烈的竞争。但真正的敌人不是来自国外的竞争，而是美国生产率增长的放慢。

生产率与生活水平之间的关系对公共政策也有深远的含义。在考虑任何一项政策如何影响生活水平时，关键问题是政策如何影响我们生产物品与劳务的能力。为了提高生活水平，决策者需要通过让工人受到良好的教育，拥有生产物品与劳务需要的工具，以及得到获取最好技术的机会。

例如，过去 10 年间美国许多争论集中在政府的预算赤字上——政府的支出超过了政府收入。正如我们将要说明的，对预算赤字的关注主要根据它对生产率的不利影响。当政府需要为预算赤字筹资时，它就要在金融市场上借钱，这就像学生要借钱为上大学筹资，或者企业要借钱为新工厂筹资一样。因此，当政府借钱为赤字筹资时，就减少了其他借款者所能得到的资金量。这样，预算赤字就减少了人力资本（学生的教育）和物质资本（企业的工厂）的投资。由于现在的低投资意味着未来的低生产率，因此，一般认为预算赤字抑制了生活水平的增长。

（二）原理九：政府发行了过多货币时物价上升——通货膨胀

1921 年 1 月，德国一份日报价格为 0.3 马克。不到两年之后，1922 年 11 月，一份同样的报纸价格为 7000 万马克。经济中所有其他价格都以类似的程度上升。这个事件是历史上最惊人的通货膨胀的例子，通货膨胀是经济中物价总水平的上升。

虽然美国从未经历过接近于德国 20 世纪 20 年代的情况，但通货膨胀有时也成为一个经济问题。例如，70 年代期间，物价总水平翻了一番还多，杰拉德 · 福特（Derald Ford）美国称通货膨胀是“公众的头号敌人”。与此相比，在 90 年代，通货膨胀是每年 3% 左右；按这个比率，物价 20 多年才翻一番。由于高通货膨胀给社会带来了各种代价，所以世界各国都把保持低通货膨胀作为经济政策的一个目标。

是什么引起了通货膨胀？在大多数严重或持续的通货膨胀情况下，罪魁祸首结果总是相同的：货币量的增长。当一个政府创造了大量本国货币时，货币的价值下降了。在 20 年代初的德国，当物价平均每月上升 3 倍时，货币量每月也增加了 3 倍。美国的情况虽然没有这么严重，但美国经济史也得出了类似的结论：70 年代的高通货膨胀与货币量的迅速增长是相关的，而 90 年代的低通货膨胀与货币量的缓慢增长也是相关的。

（三）原理十：社会面临着通货膨胀与失业之间的短期选择关系

菲利普斯曲线产生原因：某些价格调整缓慢。价格变化具有黏性，当政府减少货币发行量时，价格不会马上变化，但人们支出数量减少，引起商品和劳务的销售量变化，造成失业。

如果通货膨胀这么容易解释，为什么决策者有时却在使经济免受通货膨胀之苦上遇到麻烦呢？一个原因是人们通常认为降低通货膨胀会引起失业暂时增加。通货膨胀与失业之间的这种交替关系被称为菲利普斯曲线，这个名称是为了纪念第一个研究了这种关系的经济学家而命名的。

在经济学家中菲利普斯曲线仍然是一个有争议的问题，但大多数经济学家现在接受了这样一种思想：通货膨胀与失业之间存在短期交替关系。根据普遍的解释，这种交替关系的产生是由于某些价格调整缓慢。例如，假定政府减少了经济中的货币量。在长期中，这种政策变动的唯一后果是物价总水平将下降。但并不是所有的价格都将立即做出调整。在所有企业都印发新目录，所有工会都做出工资让步，以及所有餐馆都印了新菜单之前需要几年时间。这就是说，可以认为价格在短期中是黏性的。

由于价格是黏性的，各种政府政策都具有不同于长期效应的短期效应。例如，当政府减少货币量时，它就减少了人们支出的数量。较低的支出与居高不下的价格结合在一起就减少了企业销售的物品与劳务量。销售量减少又引起企业解雇工人。因此，对价格的变动做出完全的调整之前，货币量减少就暂时增加了失业。

通货膨胀与失业之间的交替关系只是暂时的，但可以持续数年之久。因此，菲利普斯曲线对理解经济中的许多发展是至关重要的。特别是决策者在运用各种政策工具时可以利用这种交替关系。短期中决策者可以通过改变政府支出量、税收量和发行的货币量来影响经济所经历的通货膨胀与失业的结合。由于这些货币与财政政策工具具有如此大的潜在力量，所以决策者应该如何运用这些工具来控制经济，一直是一个有争议的问题。

第二节　外汇基本知识

随着中国金融市场逐渐开放，人民币国际化的步伐加快，越来越多的国人开始跟外汇打交道，包括出国留学、旅游、考试缴费等。市场上也涌现出越来越多的国际型理财产品，我国参与外汇交易的投资者数量呈逐年上升趋势。在国际贸易和跨国支付的过程中，外汇风险是必须要考虑的因素。而与其他类型的投资相比，外汇投资具有公平透明、每天24小时运行、投资标的相对较少、易学难精等特点；相较于其他投资风险，外汇风险更加复杂，包含外汇交易风险、外汇折算风险、经济风险和国家风险等。同时，由于外汇交易有其特殊的规则和金融工具，普通中国家庭在开展外汇投资理财时，必须要注意相关风险。

一、外汇基础知识

外汇交易市场具有非常庞大的交易量，对居民生活、企业经营甚至国家稳定具有十分重要的影响。在决定是否涉入某类投资之前，我们首先需要明白这项投资本身是何种性质、遵循何种游戏法则、其机会与风险的分布如何。

（一）什么是外汇

外汇（foreign exchange）是国外汇兑的简称，“汇”表示用外币或该国货币兑换的票据，而“兑”有凭票支付或领取现款之义。根据现行的《中华人民共和国外汇管理条例》，外汇是指以外币表示的可以用作国际清偿的支付手段和资产。因此，外汇不仅是指外国的纸币，如美元、英镑等，外币支付凭证、外币有价证券等也属于外汇。

按照国际惯例，各个国家或地区的货币名称通常用三个英文字母表示，如人民币为CNY（Chinese Yuan），而非RMB。另外，美元为USD（United States Dollar），英镑为GBP（Great Britain Pound），日元为JPY（Janpanese Yen）等。

（二）外汇的汇兑关系

外汇是国际贸易的产物，商品买卖是以货币购买商品，而外汇交易则是以一种货币购买另一种货币，这就产生了一国货币可兑换多少外币的问题。一国货币同另一国货币的兑换比率就叫作汇率。如果把外国货币当作商品，那么汇率就是买卖外汇的价格。

以人民币对美元为例，2020年9月30日，人民币对美元的中间价表示为6.8101元，即1美元可以兑换6.8101元人民币。汇率中最小的波动单位被称为汇价基点，简称“基点”或“点”，一般是0.0001。当欧元对美元汇率由1.2800升至1.2900时，通常就称作欧元对美元上涨100点或美元下跌100点。

确定不同货币的比价首先需要确定用哪个国家的货币作为标准，目前国际上有三种标价法，分别为直接标价法、间接标价法和美元标价法。直接标价法，是为了购买一单位外币所应当支付的本币的数量，包括中国在内的大多数国家目前都在采用此种方法。与之相对应，间接标价法，就是卖出一单位的本国货币应当收回的国外货币单位数。少数发达国家和地区如美国、英国、澳大利亚、欧盟地区等采用间接标价法。美元标价法是以一单位的美元为基准折合的其他国家货币单位的计价方法。由于美元在国际贸易计价、国际储备、交易货币、存放款等各方面有重要作用，因此该方法也是目前国际金融市场上通行的标价法。

不同汇率标价情况下，汇率的大小意义也不相同。例如，直接标价法下，2020 年 9 月 30 日人民币对美元汇率是 1 美元 = 6.8101 元人民币，汇率增加意味着人民币的贬值，美元的升值；而间接标价法下，人民币对美元汇率是 1 元人民币 = 0.1468 美元，汇率上升则表示人民币升值，美元贬值。表 7 – 1 展示了不同标价法下，2020 年 9 月 30 日人民币兑换其他货币的汇率水平。

表 7 – 1　人民币兑换外币的汇率

币种	直接标价法	间接标价法
美元	6.8101	0.1468
欧元	7.9941	0.1251
100 日元	6.4429	0.1552
港元	0.8787	1.1380
英镑	8.7577	0.1142
韩元	0.0058	171.63
泰铢	0.2154	4.6428
100 越南盾	0.0294	34.027

（三）外汇交易的价格

在外汇市场中进行交易时，通常采用双向报价法。一般是银行或经纪商担当报价者，同时向客户报出买入汇率和卖出汇率。买入汇率也称买入价，是指银行向同业或客户买入外汇时所使用的汇率；卖出汇率也称卖出价，是指银行向同业或客户卖出外汇时所使用的汇率。

这里买入和卖出都是从银行的角度出发的，银行会以便宜的价格买入外汇，以较高的价格卖出外汇，差价就是银行买卖外币的收益。因此，在直接标价法下，买入汇率要低于卖出汇率。中间汇率是银行买入汇率与卖出汇率之间的平均汇率，常用于汇率分析，报刊、电视报道汇率也常常使用中间汇率。

二、外汇的魅力及风险

作为当前世界上流动性最强的投资市场，外汇投资究竟存在怎样的魅力？外汇投资的特点包括哪些？外汇市场中的参与者又有多少类型？其背后隐藏的风险又是怎样的？下面将介绍外汇的魅力与风险，以及如何对这种风险进行控制。

（一）外汇的魅力

从外汇市场基本的经济功能来看，主要包括国际清算、兑换功能、授信、套期保值和外汇投机。国际清算是企业或者个人正常的跨国经济和交易过程中的货币往来，是外汇市场的最基本作用。兑换功能就是用一种货币去购买另外一种货币，汇率的区别表现为不同货币在购买力上的差异。授信是指银行经营外汇业务，可以利用跨国交易收支的时间差，为交易商提供贷款。套期保值是利用金融衍生品市场对冲外汇风险的重要手段，在后文会重点讲授外汇期权和期货的套期保值原理。外汇投机是指以赚取利润为目的的外汇交易，投机者利用汇率差异，贱买贵卖，从中赚取差价。外汇市场的投机成分，来自汇率的波动，在一定程度上也可以说是由于外汇市场本身并不创造价值所引起的。

外汇市场上有一个小故事，讲的是一个住在美国和墨西哥交界处的农民，手头仅有100 美元的积蓄，早上他花费 10 美元在美国的餐馆里享受了一份早餐，拿着剩余的 90 美元前往墨西哥的银行按照 1：3 的汇率换取 270 个比索，然后拿出 30 比索解决自己的午餐，晚上他拿着剩下的 240 个比索回到美国，再以 1：2.4 的比率换取 100 美元。由于汇率的波动，主人公利用 100 美元可以免费享用早餐和午餐。

这个故事有些理想，因为美元的汇率相对稳定，不会在一天内发生大幅度波动。故事中汇率从 3.0000 变成 2.4000，美元贬值的幅度高达 6000 点，现实中如果发生这种情况，不知道有多少企业和个人要破产。而且汇率的波动也未必总是朝向有利于农夫的一面进行，美元也可能忽然升值导致主人公晚上 240 比索只能换到 70 美元。

虽然故事比较理想，但是它告诉了我们通过外汇获利的基本原理，就是在本币升值时卖出本币换外币，等到本币贬值时，再用外币换回本币，通过外汇买卖赚利差。图 7－1 展示了 2021 年 5 月 3 日至 6 月 30 日，人民币对美元汇率波动状况。如果在 2021 年 5 月 3 日，以 6.4734 的汇率卖出 1 万美元，再以 5 月 31 日 6.3701 的汇率买入 1 万美元，中间可以赚的差价为（6.4734 － 6.3701） ×10 000 = 1033（元）；但是，如果能在 6 月 30 日以 6.4567 的汇率买入 1 万美元，就只能赚得差价 167 元。

外汇作为一种双边交易，当货币处于高位时先卖出货币再在低位买入可以获利，在货币处于低位时买入再在高位时卖出也可获利。也就是说，只要投资者掌握好货币变动的方向，那么无论市场是涨还是跌都是可以赚钱的，汇率波动会产生汇率间的差价，有差价就会带来获利空间。

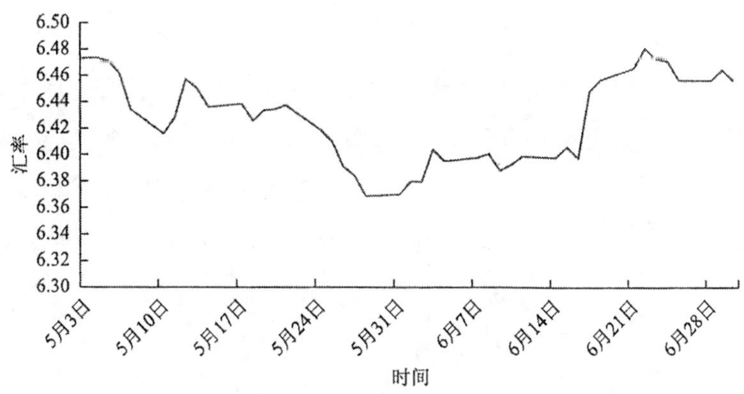

图 7－1　2021 年 5—6 月人民币对美元汇率波动情况

（二）外汇投资的特点

1. 外汇市场交易规模庞大，投资交易公开透明

与股票、债券等其他投资市场相比，外汇市场的流动性更强。外汇市场属于全球性的资本市场，各国中央银行和大大小小的金融机构都参与其中，现实中还没有哪个财团和机构具有可以操纵外汇市场的实力，因此不用担心外汇价格被机构操纵。投资大鳄索罗斯的名言就是“赚钱的道理，就是要建立在别人的谬误上”。无论是谁只要能准确预测外汇波动方向就可以获利，因此外汇投资越来越受机构和个人投资者喜爱，外汇市场影响力也不断扩大。

2. 与企业项目投资和个人证券投资不同，外汇投资可以 24 小时连续交易

外汇市场具有时间上的连续性和空间上的无约束性，投资者可以真正实现“随时”“随地”地参与外汇投资。时间的连续性表现在主要外汇市场交易时间能够实现外汇交易 24 小时不间断。表 7－2 展示了主要外汇市场交易时间（北京时间）。在全球各个外汇交易市场 24 小时连续运行下，投资者几乎可在任何时刻，随时根据新的走势变化，进行外汇的买卖操作，投资者几乎每日都有获利机会。

表 7－2　主要外汇市场交易时间（北京时间）

市场名称	夏令时	冬令时
新西兰惠灵顿外汇市场	05：00—13：00	04：00—12：00
澳大利亚悉尼外汇市场	07：00—15：00	06：00—14：00
日本东京外汇市场	08：00—14：30	08：00—14：30
德国法兰克福外汇市场	15：00—22：00	16：00—23：00
英国伦敦外汇市场	16：30—23：30	17：30—00：30
美国纽约外汇市场	20：00—03：00	21：00—04：00

3. 外汇交易投资标的相对较少

全球超过 170 种不同货币组成一个庞大的外汇市场，但外汇投资标的主要集中于几大货币，投资者只需要在不同市场背景下关注对应货币即可。一般来说，美元是全球硬通货，全世界中央银行主要的外汇储备还是美元，全球的主要商品几乎都以美元计价，大多数国际贸易都是以美元进行交易的，当资金寻求安全避风港时，美元也通常是首选。因此，投资者需要集中精力和时间，关注美元的波动和变化。

4. 外汇投资属于“易学难精”的投资活动

外汇投资是一个门槛低，但同时门槛又高的投资领域。外汇投资门槛低，是指投资者仅需要数百美元即可交易，不需要额外的资格认证，操作外汇买卖比较容易上手；同时，货币作为一种常见的“生活必需品”，投资者对货币升值和贬值的影响因素相对比较了解；外汇交易的理论知识也并不复杂，外汇风险和风险管理的手段也是有限的，并不是很难学习和理解。外汇投资门槛高，是指在外汇交易市场上充斥着各种专家和专业的投资机构，想从他们手上分一杯羹，获得外汇交易的利差是有些困难的。而且影响外汇波动的因素纷繁复杂，即使是金融专家、投资大师也不能预判准确，尤其是一些突发性事件，很多大公司和个人钻研一生都不敢说在外汇市场上能够游刃有余，稳赚不赔。

（三）外汇风险的构成因素和种类

外汇风险又叫汇率风险，是指在不同货币的兑换或折算中，因汇率在一定时间内发生变动导致的收益或损失的可能性。前文提到，投资者可以通过外汇波动获利，但是一旦外汇波动朝着对投资者不利的方向波动就会出现损失，这种收益和损失的不确定性也就是外汇风险。从事对外经济贸易、投资的公司、组织、个人或是国家外汇储备管理机构，都持有大量外币表示的资产或负债等，在国际收付结算中可能会面临来自汇率变动带来的外汇风险。

在汇率波动的影响下，外币资产和外币负债的价值都存在变动的可能，企业不需要关注所有外币资产和外币负债面临的外汇风险，只有“超买超卖”的部分，即常被称为“敞口”“风险头寸”的部分才是真正的外汇风险对象。倘若某人某日需要支付一笔 1000 美元的订单，但同时另外有人支付给他一笔 1000 美元的货款，那么美元和人民币的汇率变动对他将不会产生任何影响。

根据外汇风险的作用对象及表现形式，可以将其划分为三类风险。

1. 第一类外汇风险是外汇交易风险

外汇交易风险是指对未了结的债权、债务进行事后的交割清算时出现的风险。任何外汇交易或者支付，只要发生在未来，交易者就会面临在实际交易日外币升值或者贬值的可能性。留学生交学费也会有相应的交易风险，如美国高校要求在 9 月份交 4 万美元学费，如果在 9 月份才购买美元，就要承担相应的汇率波动的风险。

2. 第二类外汇风险是外汇折算风险

跨国企业在海外子公司的收入是外币，但是由于汇率一直处于变化之中，子公司经济活动发生日与财务决算日的汇率发生变化，导致用不同时点的汇率折算子公司财务状况时，会产生差异较大的账面损益，这种汇率波动造成的会计账面损益被称为“外汇折算风险”。企业在填制财务报表时会采取不同汇率进行计算，包括现行汇率、历史汇率和平均汇率等，不同的会计计量方法计算出的金额也不同。

3. 第三类外汇风险是经济风险

经济风险是指外汇汇率变动使企业在未来特定时期的收益发生变化的可能性。例如，100 美元的商品本来出口中国要卖 670 元人民币，但是一旦美元发生贬值，可能就只需要 650 元人民币，由于价格的下跌，在中国市场上的竞争力就会显现出来，可能刺激出口，使美国企业出口额增加而增加收入；反过来，美国企业需要进口中国原材料等商品，100 元人民币本来需要 14.925 美元就可以购买，但是由于美元贬值，导致需要 15.385 美元，增加了美国企业经营的成本。这种汇率波动会在一定程度上导致企业生产的产品在销售价格、生产成本上发生波动，进而影响企业的收益和现金流量。

（四）如何控制外汇风险

尽管前文主要列举了三类主要的外汇风险，但毫无疑问，决定外汇价格的变量很多，这也决定了外汇市场是一个风险很大的市场。可以说，外汇行市的波动经常出乎投资者的意料。

对于外汇市场上的投资者来说，按照投资者的风险偏好及经济状况可分为两种策略：被动型外汇投资策略和主动型外汇投资策略。需要注意的是，主动型投资和被动型投资没有好坏之分，也并没有哪一个更适合投资一说，有能力的投资者可以根据不同的市场行情选择不同的策略。倘若投资者无暇顾及外汇市场行情，可以选择优秀的被动型基金；倘若投资者认为自身投资水平够高则可以选择主动型基金。对于投资者来说，最重要的是根据自身情况选择投资。

1. 被动型外汇投资策略

被动型外汇投资策略就是借鉴国家管理外汇储备的经验，根据双边贸易量设置不同货币资产或者衍生品的权重，相关权重利用数学模型和追踪实际汇率篮子的比重进行估算。

通过资产配置，使得投资者拥有的整个组合的货币配置更接近人民币汇率设定所参考的外币组合，从而被动地缓解人民币汇率波动对投资基金净值的影响。比较著名的是摩根士丹利公司所编制的证券指数，即 MSCI 全球指数，全球配置比重为美国占比 48%、欧洲占比 30%、日本占比 10%、新兴市场占比 8%、已开发亚洲（不包括日本）占比 4%。这对外汇资金管理的配比权重具有重要参考价值。全球资产管理人经常采用这种多种货币资产组合对冲汇率风险，降低各个资产的联动风险，有效提高投资组合的风险调整后预期年化收益。

2. 主动型外汇投资策略

主动型外汇投资策略就是指投资者自己选择买卖的币种、时间和金额，自己管理自己的头寸。主动型外汇投资策略对投资者专业性要求较高。尽管很多投资者带着满满的自信和满腔的赚钱欲望投入市场，但现实往往把很多人通过炒汇实现的财富自由梦想打翻在地。同证券市场一样，主动型投资者可分为基本面分析和技术面分析两大门派。购买力平价理论、国际收支模式、国际资本流动、资本市场模式以及种种可能影响外汇变动的因素都是基本面分析中常常用到的分析方法，而技术面分析者往往利用 K 线图、趋势线、趋向指标等判断外汇走势从而进行交易。

三、外汇投资理念

外汇市场充满机遇与风险，但是外汇市场是一个零和博弈的市场吗？我们应当如何正视外汇市场的机会与风险？如何进行资金的管理？下面内容将引领读者探索这些问题的答案。

（一）“炒汇”还是“保汇”

外汇市场交易是一场“零和游戏”，是财富在不同主体之间的转移。以全球外汇市场每日 4 万亿美元的交易量来说，涨跌 1% 就意味着 400 亿美元从若干个口袋流出，再流进若干个另外的口袋，但总的价值量不会增加也不会减少。这种巨大的财富变化使得外汇市场每天上演一夜暴富或瞬间赤贫的场景。事实上，外汇投资在生活当中更多是作为投资组合为分散风险而进行资产配置、为手头的外汇资产或负债进行风险对冲的一种避险工具。下面我们将分别举例说明这两种情况。

1. 作为全球资产配置的方式

全球资产配置优于单一国家市场配置，这已经被无数学术研究、行业实践所证实。从投资的角度来说，绝大部分中国人的资产和风险都集中在人民币，因此分散一部分资金在非人民币的资产中，是抵抗风险的有效手段。

2. 作为手头的外汇资产或负债进行风险对冲

假设有一家国际贸易公司，下个月需要从美国采购一批物料，但是又预计下个月美元会上涨，那它要如何尽量避免这种可能因美元上涨带来的风险呢？这个时候，该公司就可以去外汇市场买入美元兑人民币的外汇期货合约，看涨美元期货。如果美元汇率上涨，需要支付更多的人民币兑换美元支付物料费用，但同时可以在外汇期货交易中获利。用外汇期货市场上的盈利弥补现货市场上的亏损，就是风险对冲。这样这家贸易公司在外汇市场建立头寸的那一刻，就相当于已经确定了自己的汇率，不用担心汇率变化的问题。本质上，这家外贸公司把预测汇率的任务，外包给了外汇市场里专业的风险承担者。

（二）如何做好资金管理

资金管理是每一个想要取得成功的交易者所必须跨越的一道门槛。如果把外汇投资视作一场资本市场上的调兵遣将，那么调拨多少兵力、如何部署、如何调整都是一位军事将领必须慎重考虑的事情。资金管理是指资金的配置问题，包括投资组合的设计、整体账户风险承受度、每笔交易初始风险承受度、交易规模的设定、如何进行仓位调整等各个方面。

同证券交易市场一样，人人都明白，投资的目的是通过挣更多的钱来提高我们的生活品质，所以不应该动用那些用来保障生活的钱，如每个月的生活费、养老储蓄，更不应借钱来进行外汇交易。交易者运作任何投资市场的资金时都不能有太大的压力，不能有只许胜不许败的紧迫感，必须能给账户一个比较宽松的空间和时间，只有这样才能为以后账户的操作奠定稳定的心态基础。

风险与收益是并存的，头寸规模在外汇交易中像一场拔河比赛，一边是风险，一边是利润。巧妙运用外汇头寸规模，可以控制天平倾斜的程度，帮助外汇投资者在最小的风险下获得最大化的收益。假设一个外汇投资者有100 000元的总资金，那么他每笔交易能承担的最大损失为100 000×1% =1000（元），也就是风险上限。在风险被确定在至多1000元的基础上可以适当增加头寸，从而达到整体最优的情况。

常见的仓位管理方法有金字塔形仓位管理法、漏斗形仓位管理法和矩形仓位管理法。

金字塔形仓位管理法，顾名思义，就是初始进场的资金量比较大，后市如果行情按相反方向运行，则不再加仓，如果方向一致，则逐步加仓，加仓比例越来越小。投资者根据报酬率控制仓位，胜率越高，其动用仓位也就越高。运用趋势的持续性来增加仓位，在很大程度上降低了风险，投资者收益得到有效保证；不足之处就是在震荡市，较难获得收益。再加上刚开始的仓位过重，也就间接对第一次入场有很大要求。

漏斗形仓位管理法，初始进场资金量比较小，仓位较轻，若行情按相反方向运行，后市逐步加仓，进而摊薄成本，加仓比例越来越大。此方法的优势在于初始风险比较小，在不爆仓的情况下，漏斗越高，盈利越可观；不足之处则在于这种方法需建立在后市走势和判断一致的前提下，如果方向判断错误，或者方向的走势不能越过总成本位，将陷于无法获利出局的局面。当市场震荡不容易确定外汇走向时，可以先小量金额试探，一旦外汇波动走势与预测发生不一致，就可以充分利用资金优势摊薄交易资金成本。

矩形仓位管理法是指初次建仓时，确定进场的资金量占总资金的固定比例，若行情按相反方向发展，则以后逐步加仓，降低成本，且加仓都遵循这个固定比例。矩形仓位管理法的优点在于，每次只增加一定比例的仓位，持仓成本逐步抬高，对风险进行平均分摊，从而实现平均化管理。矩形仓位管理能够保证持仓的金额可以得到很好的控制，后市方向和判断一致的情况下，会获得丰厚的收益；缺点在于初始阶段，平均成本抬高较快，故而交易者很容易陷入被动局面，价格不能越过盈亏平衡点，处于被套局面。

第三节　股票与基金

一、股票的基本认识

（一）股票与股票市场的基本概念

股票是股份公司发行的所有权凭证，是股份公司为筹集资金而发行给各个股东作为持股凭证，股东借以取得股息和红利的一种有价证券。股票是股份公司资本的构成部分，可以转让、买卖，是资本市场的主要长期信用工具，但股东不能要求公司返还其出资。每股股票都代表股东对企业拥有一个基本单位的所有权。每家上市公司都会发行股票，同一类别的每一份股票所代表的公司所有权是相等的。每个股东所拥有的公司所有权份额的大小，取决于其持有的股票数量占公司总股本的比重。

证券交易所俗称交易所，是根据国家相关法律，经政府证券主管机关批准成立的集中进行股票证券交易的实际场所。证券交易所的职责包括：提供股票交易的场所和平台，制定证券交易所的业务规则，审核批准股份制公司的上市申请，组织、监督股票交易活动，并对证券交易所内的股票市场信息进行管理等。目前中国内地有三个证券交易所，即上海证券交易所、深圳证券交易所和北京证券交易所。在这三个交易所交易的股票有A股和B股之分。除了以上三个交易所外，我国内地企业还可以到中国香港联合交易所、纽约证券交易所、新加坡证券交易所等上市，由此分别形成了H股、N股和S股，具体的分类见表7-3。沪深A股个股均有代码，共由6位数组成。沪A股代码均为“6”开头；深A股代码以“0”或“3”开头，其中以“002”为开头表示中小板个股，以“3”开头为创业板。此外，在香港联合交易所上市的股票代码由5位数字组成，以“0”开头。

表7-3 股票分类

股票类别	定义说明
A股	A股正式名称为人民币普通股票，是由我国境内注册公司发行，供境内机构、组织或个人（不含港澳台投资者）投资，以人民币认购和交易的普通股票
B股	B股正式名称为人民币特种股票，是以人民币标明面值，以外币认购和买卖，在境内（上海和深圳）证券交易所上市交易的人民币特种股票。B股公司的注册地和上市地都在境内，只不过投资者在境外或在中国香港、中国澳门和中国台湾地区
H股	注册地在我国境内，上市地在香港的中资企业股票
N股	注册地在我国境内，上市地在美国纽约的中资企业股票
S股	注册地在我国境内，上市地在新加坡的中资企业股票

券商，通俗来讲就是经营证券交易的公司，也叫证券公司。国内实力较强的证券公司有中信证券、海通证券、广发证券、国泰君安证券、华泰证券、银河证券等。券商其实就是证券交易所的代理商。证券公司直接与股民、机构投资者打交道，是证券交易市场的重要组成部分。目前，我国内地证券公司超过100家，中国证券业协会将其分为A（AAA、AA、A）、B（BBB、BB、B）、C（CCC、CC、C）、D、E五大类11个级别。A、B、C三大类中各个级别公司均为正常经营公司，证券公司级别的划分仅反映公司在证券交易行业内风险管理能力的相对水平。D类、E类分别为潜在风险可能超过公司可承受范围及被依法采取风险处置措施的公司。

股票在交易所交易有一些基本的规则，交易所对交易时间、交易单位、涨跌幅限制和交易机制都作出了具体规定，具体如下。

1. 交易时间

交易时间一般为周一至周五（法定节假日除外）上午09：30—11：30，下午1：00—3：00。

2. 交易单位

股票的交易单位为“股”，100股为1手，委托买入的数量必须为100股或其整数倍。

3. 涨跌幅限制

在一个交易日内，主板上市公司的交易价格相对上一个交易日收市价格的涨跌幅不得超过10%，特殊处理（Special Treatment，ST）公司的涨跌幅限制是5%，创业板和科创板上市公司在2019年注册制改革后涨跌幅限制为20%。同时需要注意的是，属于下列四种情形之一的，股票上市首日不实行价格涨跌幅限制：一是首次公开发行股票上市的；二是增发股票上市的；三是暂停上市后恢复上市的；四是交易所或证监会认定的其他特殊情形。

4. “T+1”交易

“T+1”交易制度指投资者当天买入的证券不能在当天卖出，需待第二个交易日才可以卖出。

（二）股票投资中的收益与风险

股票投资是指购买股票以期得到收益的行为。我们在进行股票投资时，必须充分考虑两个要素：收益和风险。收益即投资于股票所得的报酬。投资于股票的收益包括两部分：一是投资者购买股票变成公司的股东，其以股东的身份，按照持股的多少，可从公司获得相应的股利（包括现金股利和股票股利）；二是因持有股票的价格上升而形成的资本增值，也就是投资者利用资本低价进高价出所赚取的差价利润。投资者购买股票，总是希望能在未来获得投资报酬。但是，由于股价波动和公司股利政策的不确定性，投资者会面临可能获利或可能亏本两种情况，这就产生了投资风险。

股票价格的波动难以预测，没有任何一种方法可以保证我们在股市中的投资一定成功。通过下面两则小资料我们也可以体会到，要准确地预测未来的股价走势，利用股价波动来“稳稳”地赚钱几乎是不可能的。股票投资更多地应该作为我们财富配置中风险资产配置的一部分，而非发家致富的押注手段。我们应该根据自己的风险偏好，通过理性权衡期望收益和风险水平做出恰当的投资选择。

小资料1：Uber上市前，摩根士丹利以内部配售的方式给他们银行的核心客户一个以内部价买入Uber股份的机会，价格约是48美元，且需锁定180天不能卖出。结果上市没两天，股票就变成了36美元，很多大客户非常生气。摩根士丹利本欲献给重要客户的一片美意反而把这些客户“坑”了。

小资料2：根据统计，1996—2015年，以上海证券综合指数为例，如果这20年一直持有上海证券综合指数，那么投资回报每年可接近10%；但是如果错过其中上涨最大的5天，回报就会下跌到每年8%左右；如果错过40天，回报就变成每年-3.8%了。

（三）股票投资的基本原则

在股票投资中，普通投资者一般应当遵循如下原则以避免股票市场波动给个人生活带来过大的冲击。

1. 量力而行

投资往往需要丰富的经验，即便是市场上的投资老手和专家也无法保证每次投资都能成功。对于大学生而言，经济还未完全独立，资金并不充裕，且缺乏社会经验和投资经验，此时应当量力而行，利用闲散资金进行投资，切忌拿输不起的钱去炒股。不要把股票当成“孤注一掷”的“发财”捷径。对大部分普通投资者来说，股票只是资产配置的一部分，需要通过固定收益资产和股票等风险资产的组合来达到符合风险承担能力和风险偏好的最佳投资组合。我们追求的不是简单的收益最大化，而是在风险承担能力范围之内达到预期收益最大化。

2. 分散投资

分散投资，就是在资金投入时不能过于集中。分散投资包含两方面含义：一方面是不要将资金过于集中地投入一种或少数几种股票，要建立合理的股票组合，也就是通常所说的“不要把鸡蛋全都放在一个篮子里”；另一方面是不要将资金在一个时点上集中投入，应将其分期分批地投入股市，使资金的投入在时间上有一定的跨度，在价格选择上留有一些余地。

分散投资虽不能完全消除投资风险，但通过股票组合，可将好坏股票互相搭配，避免单个股票带来的风险。通过分期分批投入，可将高低价格予以平均，虽然失去了在最低价位一次性买入的机会，但能避免将资金在最高价位全部套牢的风险。

3. 避免炒短线追求快速收益

股市上挂牌的股票繁多，各公司的股票也有各自的特点，且受各方面因素的影响，股价也总是处在不断变化之中。我国A股市场由于制度和投资者性质等问题，长期以炒短线为主，投资者的“羊群效应”十分明显。可能一些投资者看到股票涨涨跌跌，也就心猿意马，今天炒这个概念，明天追那个板块，其投资目标总是跟着市场变化，投资毫无理智和原则。如果盲目跟风炒作，一味地模仿他人，自己最终也难以摆脱亏损的命运。

投资新手缺乏强大的内心和丰富的经验技术，因此应尽量避免短线交易，而是进行价值投资。一方面，在股票投资中，我们必须具有理智，要克服自己的情绪冲动，避免受市场气氛和他人的干扰，切忌跟随他人追涨杀跌。另一方面，可以避开投机性强的领域，追随市场比较知名的行业龙头公司，基于基本面进行判断。同时，投资优质企业也是避免劣币驱逐良币的一种方式，有利于 A 股市场逐渐走向成熟。

4. 不要轻易择时

常言说“长线是金、短线是银”。对于股市来说，一年中最好的那些交易日和最差的交易日分布非常不均匀，而且与牛市还是熊市无关，一旦错过最好的交易日（单日暴涨），对于投资回报率来说就是致命的打击。从短期来看，我们很难通过择时获得超额回报。投资市场提供的回报在时间分布上是非常不均匀的。对于普通投资者来说，仅仅根据自己的感觉，或者说对市场情绪的认知来进行择时，很有可能错过那些市场突然出现的回报非常好的时刻，最终大幅拉低自己的投资回报。当然，如果能回避掉一年中极端暴跌的日子，也能大幅提高收益率。而实际上，即便是在牛市，暴跌也不可避免，即便是如 2008 年这样的熊市里，暴涨的日子也有很多天。回避掉暴跌，踩中暴涨，这确实很难，就连顶级的基金公司也无法做到。因此，作为普通散户投资者，在进行投资时，不要轻易主动“择时”、频繁“择时”，而是要享受市场螺旋增长带来的红利，慢慢变富。

A 股市场有这样一句话，“七亏二平一赚”，即股市中有 70% 的投资者是亏钱的，20% 的投资者不赚不赔，仅有 10% 的人在赚钱。那么，股市的钱到哪里去了？看起来股市投资像是一场零和博弈，那么我们应该如何选股进行投资才能带来长期又安全可靠的回报呢？目前业界公认最可靠的股市投资方式是进行价值投资。

价值投资这个概念最早可以追溯到 20 世纪 30 年代，由投资大师格雷厄姆最先形成的一套体系。现在，它的代表人物是沃伦·巴菲特和查理·芒格。价值投资定义比较广泛，普遍的说法是，价值投资是一种投资策略或者投资思维，即实业投资思维在股市上的应用，凡是买股票时把自己当成长期股东的都是价值投资者。价值投资的重点是透过基本分析中的概念，如高股息收益率、低市盈率和低股价/账面比率，去寻找并投资一些股价被低估了的股票。

价值投资者力求通过一定的方法测定股票的价值，股票价格长期来看有向其内在价值回归的趋势，当股票价格低于内在价值时，投资机会就来了，这就好比拿着 5 毛钱购买 1 元钱人民币。格雷厄姆率先提出的价值投资三条原则如下：其一，股市不是投机，不是赚取差价，而是购买好公司的一部分。拨开股市的表象，我们购买的不是投机品，而是购买一家公司的一部分所有权。我们从中赚取的不是股价波动的差价，而是这家公司在经济增长过程中创造的价值。其二，市场是工具，不是博弈的对象。我们的博弈对象并不是市场。关于这只股票的真实价值，市场什么都不能告诉你，它只是一个服务的工具。其三，留出安全边际，长期持有价格低于价值的好公司。

二、基金的基本认知

（一）基金投资

除股票外，在证券市场上，还有另一种投资品类——基金。基金投资是一种间接的证券投资方式。基金管理公司通过发行基金份额，集中投资者的资金，由基金托管人（具有资格的银行）托管，由基金管理人管理和运用资金，从事股票、债券等金融工具投资，然后共担投资风险、分享收益。通俗来讲，证券投资基金是汇集众多投资者的资金，交给银行保管，由基金管理公司负责投资于股票和债券等证券，以实现保值增值目的的一种投资工具。表7－4详细比较了投资基金与投资股票或债券之间的差异。

表7－4　投资基金与投资股票或债券之间的差异

对比维度	基金	股票	债券
反映的经济关系	信托关系，是一种收益凭证，投资者购买基金份额后成为基金受益人，基金管理人只是替投资者管理资金，并不承担投资损失风险	所有权关系，是一种所有权凭证，投资者购买后成为公司股东	债权债务关系，是一种债权凭证，投资者购买后成为该公司债权人
所筹资金的投向	间接投资工具，主要投向股票、债券等有价证券	直接投资工具，主要投向实业领域	直接投资工具，主要投向实业领域
投资收益与风险大小	投资于众多有价证券，能有效分散风险，风险相对适中，收益相对稳健	价格波动性大，高风险、高收益	价格波动较股票小，低风险、低收益
收益来源	利息收入、股利收入、资本利得	股利收入、资本利得	利息收入、资本利得
投资渠道	基金管理公司及银行、证券公司等代销机构	证券公司	债券发行机构、证券公司及银行等代销机构

按照发行方式，基金有封闭式基金和开放式基金两种。其中，封闭式基金是指基金的发起人在设立基金时，限定了基金单位的发行总额，筹足总额后，基金即宣告成立，并进行封闭，在一定时期内不再接受新的投资；而开放式基金是指基金发起人在设立基金时，基金单位或者股份总规模不固定，可视投资者的需求，随时向投资者出售基金单位或者股份，并可以应投资者的要求赎回发行在外的基金单位或者股份的一种基金运作方式。

根据投资对象不同，基金可以分为如下四类。

一是股票基金。股票基金是以股票为投资对象的投资基金，且股票投资比重不能低于80%。股票基金的主要功能是将大众投资者的小额投资集中为大额资金。它投资于不同的股票组合，是股票市场的主要机构投资者。与个人投资相比，股票基金一般具有更强的专业能力和信息优势，同时股票基金可以利用资金规模优势提高股票组合的分散化程度，从而降低投资风险。平均而言，在承担同等风险的情况下，股票基金的预期回报比散户投资者更高；或者说在同等期望回报水平下，股票基金可以通过分散化组合投资承担比散户投资者更低的投资风险。

二是债券基金。债券基金是以债券为主要投资标的的共同基金。除了债券之外，尚可投资于金融债券、债券附买回、定存、短期票券等。债券基金绝大多数以开放式基金形态发行，并采取不分配收益方式，合法节税。根据中国证监会的要求，基金资产80%以上投资于债券的为债券基金。目前国内大部分债券基金属性偏向于收益型债券基金，以获得稳定的利息为主，因此，收益普遍呈现稳定增长。

三是货币市场基金。货币市场基金是指仅投资于货币市场上短期有价证券的一种基金。该基金资产主要投资于短期货币工具如国债、商业票据、银行定期存单、政府短期债券、企业债券等短期有价证券。货币市场基金投资于货币市场工具的比例为100%。货币市场基金的收益率较低，但流动性好、资本安全性高、风险低、投资成本低。货币市场基金均为开放式基金。

四是混合基金。混合基金同时投资于股票、债券和货币市场工具，其股票投资和债券投资的比例不符合股票基金和债券基金规定。

（二）基金定投

我们先来进行一笔计算。假设A基金的单位净值第一天1元，第二天0.8元，第三天0.5元，第四天涨到0.9元。如果小明一次性拿出3000元购买A基金，那么第二天账面亏损600元，第三天账面亏损1500元，忍住不割，第四天亏损300元，盈利-10%。

小强用3000元分三次购买A基金，每次买入1000元，第一天1000份，第二天1250份，第三天2000份，合计4250份，到第四天时，账面已经是3825元，盈利27.5%。

小强的做法避开了一次性投资的风险，避免了亏损。在市场情况不好时，投资基金也有可能亏损。华尔街流传有一句话：要在市场中准确地踩点入市，比在空中接住一把飞刀更难，因此诞生了定投。基金定投是定期定额投资基金的简称，是指在固定的时间以固定的金额投资到指定的开放式基金中，类似银行的零存整取方式。基金定投的本质是均摊成本，拉低均价，低价位吸筹，高价位获利；对于存不下钱的也可以当作强制储蓄，使自己在投资中保值增值。

也许有同学会问：基金定投一定比一次性投资获利高吗？假设有另外一个 B 基金，第一天 1 元钱，第二大 1. 2 元，第三天 1. 5 元，第四天 2 元。小明一次性购入 3000 元，第四天时，账面是 6000 元，盈利 100%。小强分三次购买，第一天 1000 份，第二天 833. 33 份，第三天 666. 67 份，合计 2500 份。第四天账面是 5000 元，盈利 66. 7%。

可以看出，基金定投不一定比一次性投资获利更高。但是，我们需要明白，低点买入是可遇不可求的，影响证券市场的因素众多且复杂，难以预测，因此，采用定投的方式，一方面利用时间熨平波动，另一方面分批投资均衡成本，对于风险规避型的投资者是一个很好的选择。

对基金定投的理解存在几个常见的误区。一是等市场明朗时再进场。很多投资者想在底部出现或者市场明朗时再进场投资，但是市场中的机会转瞬即逝，当你看明白时，机会已经过去了。二是任何基金都适合定投。债券基金收益一般较稳定，选择定投反而可能会闲置资金，损失资金的时间价值；而股票基金波动较大，更适合用定投来均衡成本和风险。三是已买基金就不必定投。我们可将闲置资金分为现有资金、每月节余两部分，节余部分投资定投是一种不错的选择。四是弱市中停止基金定投。基金定投正是依据牛市、熊市交替出现产生的一种投资策略，同样的资金在牛市获得较少的筹码，在熊市获得较多的筹码，从而实现成本均摊，获取平均收益。

综上，基金定投的优点可以总结为：分批投资，摊低成本，降低风险；长期投资，复利增长，积少成多；自动扣款，方便快捷，省心省力。它尤其适合符合如下特征的投资者：一是没有大量闲置资金在手；二是有定期收入来源；三是有中长期财务需求；四是没有时间投资理财；五是风险规避型理财者；六是愿意进行投资但无法把握投资时点的人。

第四节　货币与支付

一、货币

（一）货币的产生过程

货币是商品交换发展到一定阶段的产物。

第一阶段，偶然的物物交换，比如张三在路上偶然碰到李四，于是问李四“我用鱼换你的毛皮，答应不”，李四说“好的，我跟你换”，这是偶然的物物交换，主要发生在原始社会末期。

第二阶段，扩大的物物交换。随着生产力的不断发展，物品越来越多，如出自《荷马史诗》的“长发的希腊人在卖酒，有的人用青铜去交换，有的人用铁去交换，有的人用牛或者牛皮去换，更有的人用奴隶去换……”此时不属于偶然的物物交换，不具有偶然性且交换的种类变多、范围扩大，变成扩大的物物交换。交换的物品种类丰富，不再是只用大米交换布匹，可以交换羊、斧子、粮食。

第三阶段，一般等价物为媒介的交换。扩大的物物交换存在问题，比如，张三有一只羊，李四有布匹，张三在这个世界上只认识李四，但他不想用自己的羊交换李四的布匹，想要他人的大米，此时需要先用羊与李四的布匹交换，再用布匹换猪，最后才能用猪换大米，整个过程非常复杂，此时人们找到一个东西当作“中间商”，即一般等价物，不是盲目的交换，而是有目标的交换。一般等价物指人们基本上都愿意接受的东西，这些东西自身有价值，可以用自身的价值与其他一切商品交换。在货币的发展过程中，对一般等价物的定义就两个，一是被大家喜欢，二是自身有价值，比如大家都喜欢牛，2 把斧头可以交换牛，1 只绵羊可以交换牛，所有的物品都可以与牛交换，牛就变为一般等价物。在众多一般等价物中，将最方便携带、易分割的金银固定为一般等价物。

第四阶段，一般等价物固定在金银身上，货币产生。

由此可知，货币的产生经历四个阶段，第一个阶段是偶然的物物交换与第二个阶段是扩大的物物交换都是商品与商品交换；第三个阶段出现一般等价物，先将商品换为一般等价物，再用一般等价物换其他一切商品；第四个阶段将一般等价物固定在金银身上，货币应运而生。货币本身有价值，用金银自身的价值衡量其他一切商品的价值，货币本质就是一般等价物。

（二）货币的概念

货币是从商品中分离出来，固定地充当一般等价物的商品。

首先，货币是商品经济发展到一定阶段的产物。

其次，商品要同时满足两个条件：一是劳动产品，经过人类劳动所创造；二是经过交换，只有经过交换的劳动产品才是商品。举例判断：

(1) 张三种的黄瓜如果自己吃、自己用，不是商品，如果将黄瓜拿到市场上售卖，是商品。

(2) 每天呼吸的空气不是商品，首先空气是随着地球的产生与生俱来的，不是人类创造的，其次呼吸空气也没给钱。如果将新鲜的空气装到罐中到超市售卖，此时空气罐头是商品，首先收集新鲜空气的过程存在人类劳动，其次在超市售卖经过交换。

（3）捐赠给灾区的救济品不是商品，虽然救济品本身是劳动产品，但是无偿赠送，没有经过交换，因此不是商品。

最后，货币是从商品中分离出来，固定地充当一般等价物的商品，货币是特殊商品。货币的本质是一般等价物，而纸币只是货币符号。金银本身是有价值的，因此可以衡量其他一切商品的价值；而纸币本身没有价值。中国宋代的交子也是货币符号。硬币不是货币，因为硬币也是纸币的一种，只不过形式不同。所谓的货币，是指足值的货币，足值可以理解为用贵金属（黄金白银）制成的，日常生活中的硬币是用贱金属（铜、镍、铬等）制成的。金银制成的纪念币可以当作货币。

（三）货币的职能

货币执行着五种职能：价值尺度、流通手段、支付手段、贮藏手段和世界货币。其中，价值尺度和流通手段是货币的基本职能。

1. 价值尺度

价值尺度是货币用来衡量和表现商品价值的一种职能，货币在执行价值尺度的职能时，并不需要有现实的货币，只需要观念上的货币。

2. 流通手段

流通手段是货币充当商品交换媒介的职能。货币作为流通手段必须是现实的货币。

3. 支付手段

支付手段是货币作为独立的价值形式进行单方面运动时所执行的职能。货币作为支付手段，开始是由商品的赊购、预付引起的，后来才慢慢扩展到其他领域。

4. 贮藏手段

贮藏手段是货币退出流通领域作为社会财富的一般代表被储存起来的职能。作为贮藏手段的货币，必须是足值的金属货币。

5. 世界货币

世界货币是货币在国际市场上充当一般等价物的职能。

此外，还有一种货币，即数字货币。数字货币简称为DC，是英文“Digital Currency”（数字货币）的缩写，是电子货币形式的替代货币。数字金币和密码货币都属于数字货币。

数字货币是一种不受管制的、数字化的货币，通常由开发者发行和管理，被特定虚拟社区的成员接受和使用。欧洲银行业管理局将虚拟货币定义为：价值的数字化表示，不由央行或当局发行，也不与法币挂钩，但由于被公众接受，所以可作为支付手段，也可以电子形式转移、存储或交易。

二、支付方式

（一）定义

支付方式是国际贸易中进出口双方议定的货款结算方式。可分为两大类：

（1）现汇结算方式。即通过国际银行汇兑，以现汇逐笔结清债权债务的支付方式。

（2）记账结算方式。即以两国政府间“贸易和支付协定”为依据，各以本国政府名义分别在对方国家的中央银行或其指定的银行开立清算账户。

（二）分类

支付方式有货到付款、信用卡支付、在线支付、PayPal 支付、银行电汇及邮政汇款等。

（三）确保支付安全

1. 防范网上支付风险

（1）网上交易前应确认网址是否正确，要选择信誉好、运营时间长的网站进行银行卡网上支付业务。

（2）完成网上交易后，应及时退出，避免发生后续风险交易。

（3）在进行境外网上交易时，应通过安全途径，开通相关认证服务。

（4）应避免通过公用 Wi-Fi 进行支付，不在网吧等公共场所进行网上交易，以免泄露账号及密码等信息。

（5）应注意不要扫描来源不明的二维码、登录不明网站，避免被不法分子植入木马病毒。

（6）办理网络购物、网络退货、退款时，应认清官方渠道，切勿轻信不明身份的电话、网络聊天工具或其他形式提供的非正规的网络链接。

（7）收到可疑手机短信时，应谨慎确认，如有疑问应直接拨打银行客户服务热线查询。

2. 防范移动支付风险

条码支付是以条码为信息载体，通过移动终端或商户受理终端直接或间接获取支付要素以完成交易的支付方式。常见的条码包括二维码、条形码等类型。在使用过程中要增强安全意识。

（1）不扫描来源不明的二维码。

（2）不轻易将个人二维码信息泄露给他人。

（3）不通过二维码支付进行大额交易。

（4）加强对手机等智能终端的安全管理。

（5）核对账户名称与商家是否一致，与商家确认账户名称是否正确后，再进行支付操作。如发现异常立刻停止支付。

第八章　高校财经素养教育教学实践
——创新创业与风险管理

第一节　国家创新创业相关政策

一、国家对大学生创新创业的最新扶持政策

2021 年 10 月，国务院办公厅印发《关于进一步支持大学生创新创业的指导意见》，其中涉及了许多帮助大学生创新创业的政策。

（一）加强教育和培训

1. 建立以创新创业为导向的人才培养新模式。
2. 探索实施校企合作制度，吸引更多社会各界人才担任双创教师。
3. 打造高校创新品牌。

（二）提供孵化空房间和房租补贴

1. 鼓励各类孵化器为大学生创新创业团队开设一定比例的免费孵化器空房间。
2. 政府投资开发的化工器具等场地，约 30% 应免费提供给学校毕业生。
3. 在条件允许的情况下，可以给予学校经营者租金补贴。

（三）率先公开名单

1. 支持行业企业发布大学生个体创业需求清单，引导大学生精准创新创业。

2. 鼓励面对面学校和国有大中型企业大学生发布技术创新需求，并开展清单。

（四）探索建立风险救济

1. 鼓励部分地方探索构建大学生创业风险救助机制，可通过创业风险补贴、商业保险费补贴等方式予以支持。

2. 毕业后创业的大学生有五险一金，可以减少后顾之忧。

（五）练习平台免费向学生开放

1. 充分发挥大学科技园、大学生创业园、大学生 Maker 空室等面向大学生免费开放的校园创新创业实践平台作用。

2. 推动央企科研院所及相关公共服务机构为大学生打造融合 R&D 的创业创新，培育网络化、科技化产业园区。

（六）减少税费

1. 高校毕业生在毕业当年从事个体经营的，符合规定条件的 3 年内按一定限额依次扣除当年实际应缴纳的增值税、城市维护建设税、教育费附加、地方教育附加和个人所得税。

2. 月销售额在 15 万元以下的小规模纳税免征增值税，小微企业和个体工商户按固定金额免征所得税。

3. 创业投资企业天使投资于未上市中小高新技术企业和科技型企业的初始阶段投资金额，按规定从深圳市注册公司销售发票税收收入金额中扣除。

（七）提高贷款额度，降低贷款利率

1. 将高校毕业生个人最高贷款额度提高至 20 万元，对获得荣誉的高校毕业生创业者 10 万元以下贷款免予反担保要求。

2. 对于符合条件的高校毕业生创办的小微企业，最高贷款额度将提高至 300 万元。

3. 降低贷款利率，简化贷款申报和审核流程。

（八）促进成果转化

1. 做好大学生创新项目知识产权保护工作，加快落实知识价值递增分配政策，落实成果转化奖励和收益分配办法。

2. 鼓励国有大中型企业和教育融合企业利用孵化器产业园等平台，推动高校科技成

果开发和大学生创新创业项目。

3. 加大对学生在创新创业大赛中涌现出的优秀创新的支持，推动一批优秀项目在大赛中落地。

（九）办好创新创业大赛

1. 办好中国国际互联网大学生创新创业大赛。

2. 建立健全中国国际学生创新创业联合会竞赛与各级创新创业的竞赛机制，搭建创新创业全球竞赛平台。

（十）加强信息服务

1. 汇聚创新创业帮扶政策、产业激励政策和国家创新创业教育优质资源，做好国家和地方政策发布和解读。

2. 及时收集国家、地区、行业需求，为大学生精准推送行业、市场趋势等信息。

3. 加强对创新创业大学生和项目的跟踪服务，畅通供需对接渠道。

4. 支持各地积极举办学生创新创业项目需求与投融资对接会。

二、国家创新创业政策的必要性和重要性

（一）有利于缓解大学生就业压力

大学的创业能力有利于解决大学生就业难的问题。创业能力是一个人在创业实践活动中的自我生存、自我发展的能力。一个创业能力很强的大学毕业生不但不会成为社会的就业压力，相反还能通过自主创业活动来增加就业岗位，以缓解社会的就业压力。

（二）有利于大学生谋求生存与自我价值实现

大学毕业生通过自主创业，可以把自己的兴趣与职业紧密结合，做自己最感兴趣、最愿意做和自己认为最值得做的事情。在五彩缤纷的社会舞台中大显身手，最大限度地发挥自己的才能。创业并非人人成功，之所以还有众多的人选择了创业这条路，是因为谋求生存乃至自我价值的实现是创业最主要的原动力。

（三）有利于大学生实现致富梦想

如果大学生要想变得非常富有，开创自己的事业是最有希望实现致富的目标，没有人

靠为别人的工作把自己变得富有。当前，大学生的就业观念正在悄悄地发生改变，一个鼓励创业、保护创业、崇拜创业的大环境正在逐步形成。原先由政府包揽的就业和创业活动逐渐被市场取代，产业结构调整带来的巨大创业机会，以及政府出台“创业带动就业”的政策，促使大学生创业潜流涌动，大学生通过自主创业将实现致富梦想。

（四）有利于促进中小企业的快速发展

从国际经验来看，等量资金投资于小企业，它所创造的就业的机会是大企业的四倍。一个国家有99.5%的企业属于小企业，65% ~80%的劳动者在其中就业。美国对中小企业的发展一直比较重视，称其为“美国经济的脊梁”，美国企业创新产品中82%来自中小企业。而我国小企业数量不多，因此，鼓励大学生自主创业有利于中小企业的快速发展。

（五）有利于培养大学生艰苦奋斗的作风

大学生自主创业的过程中，困难和挫折，甚至失败都在所难免，这就要求自主创业的大学毕业生具备顽强的意志和良好的品格，勇于承担风险，自立自强，艰苦拼搏。通过创业培养了自立自强意识、风险意识、拼搏精神和艰苦奋斗的作风。

（六）有利于培养大学生的创新精神

创新是一个民族的灵魂，是一个国家兴旺发达的不竭动力。青年大学生作为中国最具活力的群体，如果失去了创造的冲动和欲望，那么中华民族最终将失去发展的不竭动力。大学生的创业活动，有利于培养勇于开拓创新的精神，把就业压力转化为创业动力，培养出越来越多的各行各业的创业者。

第二节　投资风险与收益

随着经济的发展，越来越多的人开始将闲置资金进行投资，如何科学地在可接受的风险水平下获取收益成为大家迫切需要解决的问题。所有有意义的投资决策都既蕴含收益又存在风险，一切决策都是收益与风险的二维问题。我们权衡投资机会的时候需要考虑的不应当是“有多少收益”，而应该是“收益与风险是否适当”。因此，学习和了解财务管理的价值观念，正确认识投资的风险和收益，有利于大学生树立正确的投资理念和风险意识，提高自身的财富管理能力。

一、投资的基本概念

投资是特定经济主体为了在未来可预见的时期内获得收益或是资金增值，在一定时期内向一定领域投放足够数额的资金或实物的货币等价物的经济行为，其本质在于获得未来预期收益。投资的意义是什么？物价一直在上涨，钱越来越不值钱，存在银行的本金的利息有时跟不上物价上涨的幅度。因此，我们可以选择投资，用钱去挣钱，实现财富增值。投资的具体形式有定期存款、国债、货基、银行理财、股票基金、黄金等。

二、风险与收益

现实中大多数投资项目未来的现金流都是不确定的。公司的财务决策，几乎都是在面临风险和不确定性的情况下做出的。不管是投资者的投资决策还是公司的财务决策，都要权衡风险和收益。

（一）收益如何衡量

从历史上看，收益的概念最早出现在亚当·斯密的《国富论》中，亚当·斯密将收益定义为“那部分不侵蚀资本的可予消费的数额”，把收益看作财富的增加。后来，大多数经济学家都继承并发展了这一观点。1890年，马歇尔在其《经济学原理》中，把亚当·斯密的“财富的增加”这一收益观引入企业，提出区分实体资本和增值收益的经济学收益思想。

根据“财富的增加”这一经济学思想，我们将在一定时期内投资的收益定义为：在一定时期内投资某项资产获得的收入加上市场价格的变动。比如，如果购买了价格为1000元的债券，持有一年后，则将得到70元的票面利息且到时债券价格为1060元，那么对投资者而言，这项投资带来的收益由两部分构成：一是70元的票面利息；二是60元的价格变动额（1060—1000元）。那么一年内投资者持有这项债券的收益率可以表示为：（70+60）/1000=13%。

我们可以将一定时期收益率公式定义为：

$$R=\frac{D_t+\ (P_t+P_{t-1})}{P_{t-1}}$$

式中，R代表实际（预期）收益率；t代表时间周期；D_t代表到期末为止所获得的现金收入（如股票分红、债券的票面利息等）；P_t 代表第 t 期的资产价格；P_{t-1} 代表第 $t-1$ 期的资产价格。该收益率公式不仅可以衡量实际的收益（基于历史数据），也可以衡量预期收益（基于未来预期的现金收入与价格）。

（二）风险如何衡量

也许大家已经对收益的概念比较认同了，但是对于风险的衡量却没那么简单。

假如你选择购买一款一年期的国债产品，到期收益率为 8%，持有一年，你可以确定得到政府信用保障的 8% 的收益率，不多也不少。而假如你选择购买一只股票持有一年，首先现金股利并不是每个公司都会发放的（不确定性）；其次年末的股票价格有可能高也有可能低于年初的股票价格（不确定性），因此很可能你的预期收益率会和实际收益率大相径庭。

我们将风险定义为：实际收益率相对于预期的偏离程度。偏离程度越高，则风险越高。那么很显然，国债是无风险的投资而股票则是风险很高的投资。

除了风险小的国债产品，其他的债券都可能出现预期收益与实际收益相去甚远的情况。我们可以把有风险的债券的实际收益率看作服从一定可能性分布的随机变量。这种可能性分布可以用两个统计学术语来描述：一是预期收益率；二是标准差。

预期收益率 $\bar{R}$，可以用公式表示为：

$$\bar{R} = \sum_{i=1}^{n} (R_i)(P_i)$$

式中，R_i 代表第 i 种可能性的收益率；P_i 代表第 i 种收益率发生的概率；n 代表各种概率的总数。因此，预期收益率可以定义为以发生的概率为权重的未来各种可能发生的收益率的加权平均值。

标准差用来测算实际收益率与预期收益率的离散程度，或者实际收益率围绕预期收益率波动的程度。标准差越大，表明投资收益的波动性越大，不确定性越大，风险也越大。标准差 σ，可以用公式表示为：

$$\sigma = \sqrt{\sum_{i=1}^{n} (R_i - \bar{R})^2 (P_i)}$$

下面我们用一个例子来讲解风险与收益的测算，假定投资者甲认为投资某只股票未来一年的收益率服从一定的可能性分布（见表 8-1），那么可以通过计算得出预期收益率为 5.2%，标准差则为 7%。

表8-1 股票收益测算表

可能性的收益率 R_i	发生的概率 P_i	计算预期收益率 $\bar{R}=\sum_{i=1}^{n}(R_i)(P_i)$	计算方差 $\sigma^2=\sum_{i=1}^{n}(R_i-\bar{R})^2(P_i)$
-0.1	0.1	-0.01	$(-0.1-0.052)^2\times0.1$
-0.02	0.1	-0.002	$(-0.02-0.052)^2\times0.1$
0.04	0.3	0.012	$(0.04-0.052)^2\times0.3$
0.08	0.4	0.032	$(0.08-0.052)^2\times0.4$
0.2	0.1	0.02	$(0.2-0.052)^2\times0.1$
合计	$\sum=1$	$\sum=0.052=\bar{R}$	$\sum=0.005=\sigma^2$ 标准差 $\sigma=0.07$

学习了风险和收益的测算之后，我们在投资中就可以运用这些方法来辅助决策。比如，一个一年期的基金，其预期报酬率和标准差分别为15%和30%，那么这个基金的净值在一年内可能上涨45%，但也可能下跌15%。因此，如果有两只收益率相同的投资项目，投资人应该选择标准差较小的项目（承受较小的风险得到相同的收益）；如果有两只相同标准差的投资项目，则应该选择收益较高的项目（承受相同的风险，但是收益更高）。

（三）相对风险的衡量——离散系数

仅仅比较标准差或者仅仅比较预期收益率可能会误导决策。如果有两项投资，一项预期报酬率较高而另一项标准差较低，那么又该如何抉择呢？

离散系数是标准差与预期收益率的比值，即离散系数=标准差/期望值，用于判断单位报酬的风险。如果要选择几个企业进行投资，可通过计算离散系数进行分析，离散系数小的相对来说投资风险更小，更值得投资。

例如，A基金二年期的收益率为36%，标准差为18%；B基金二年期的收益率为24%，标准差为8%，从数据上看，A基金的收益高于B基金，但同时风险也大于B基金。A基金的离散系数为0.5（0.18/0.36），而B基金的离散系数为0.33（0.08/0.24）。因此，原先仅仅以收益评价是A基金较优，但是经过标准差即风险因素调整后，B基金反而更为优异。

（四）证券组合的风险与收益

前面我们已经讲到了单项资产的收益和风险的测量。下面我们讲如何计算证券组合的风险与收益。两个或两个以上资产所构成的集合，称为资产组合。如果资产组合中的资产均为有价证券，则该资产组合也称证券资产组合或证券组合。不论投资组合中证券之间的相关系数如何，只要投资比例不变，各只证券的期望收益率不变，则该投资组合的期望收益率就不变，即投资组合的期望收益率与其相关系数无关。在其他条件不变时，这些股票收益率的相关系数越小，组合的方差就越小，表明组合后的风险越低，组合中分散掉的风险越大，其投资组合可分散的风险的效果就越大，即投资组合的风险与其相关系数负相关。以两项资产组合为例，当两项资产的收益率完全正相关时，两项资产的风险完全不能互相抵消，所以这样的资产组合不能降低任何风险；当两项资产的收益率完全负相关时，两者之间的风险可以充分地相互抵消，甚至完全消除，但限于非系统性风险。只要两种证券的相关系数小于1，证券组合报酬率的标准离差就小于各证券报酬率标准离差的加权平均数。一般来讲，随着证券资产组合中资产个数的增加，证券资产组合的风险会逐渐降低，当资产的个数增加到一定程度时，证券资产组合的风险程度将趋于平稳，这时组合风险的降低将非常缓慢直到不再降低。

在证券组合中，能够随着资产种类增加而降低直至消除的风险，被称为非系统性风险；不能随着资产种类增加而分散的风险，被称为系统性风险。系统性风险的程度，通常用β系数来衡量。证券组合的β系数是组合中所有证券β系数的加权平均值。因此，证券组合的风险收益率可以用无风险收益率加上证券组合的β系数乘市场收益率与无风险收益率之差来计算。

（五）风险态度

投资者的风险态度是一个重要的财经概念。投资者持有风险规避态度的假设是财务管理中针对风险和收益的关系理解的基石。我们可以来做一个简单的游戏理解风险态度。

假如主持人和参与人同意以简单的主持人抛硬币的方式玩游戏，如果主持人抛到正面朝上，则主持人给参与人10 000元，而如果主持人抛到正面朝下，则参与人1分钱都得不到。正当参与人准备选择正面朝上或朝下时，主持人提出参与人可以提议一笔金额来取消这个游戏，但这笔金额也必须使主持人同意。那么现在同学们如果把自己想象成这个参与人，可以写下你认为可以提议的金额来取消这个游戏。

同学们作为参与人写下的这笔金额，我们称为资本回收保证量，它可以使参与人对于有风险地玩抛硬币游戏带来的可能的收益和无风险确定的这笔金额感到没有差别。

那么我们来看看玩抛硬币游戏带来的预期收益如何计算？这其实是计算50%概率得到10 000元和50%概率得到0元的加权平均值。如果玩硬币最大收益是10 000元，那么根据朝面各为50%的概率，参与者获得的预期收益为5000元。但这只是一种统计学理论上的计算，而在实际生活中，除非可以玩很多次，否则参与人要么得到10 000元，要么一无所获。这正是游戏风险所在，也是决策的含义，而你在纸上写下的那笔金额（资本回收保证量)，则是你可以确定取消游戏能得到的钱。现在你可以根据写下的金额来简单地分析风险态度。

如果资本回收保证量 < 预期收益，风险态度则为风险规避型。

如果资本回收保证量 = 预期收益，风险态度则为风险中立型。

如果资本回收保证量 > 预期收益，风险态度则为风险偏好型。

比一比你们写下的这笔金额，看看自己属于哪一类的风险态度呢？

在本书中，我们假定所有的投资者都是风险规避型的，只有在这样的前提下，才可以很好地理解风险和收益的关系与权衡。也就是说，有风险的投资必须提供更高的收益来补偿风险带来的不确定性，只有这样才能使投资者有意愿购买并持有这样的投资。

（六）投资的风险的类别

现实中大多数投资项目未来的现金流都是不确定的。比如，我们购买股票，总是希望能在未来获得投资收益。但是，由于股价波动不停，无法事先准确预测，同时股份公司能否获利并派发股利也是不确定的。因此，投资者会面临获利或亏本两种情况，这就产生了投资风险。

一般来说，投资者的风险大致可分为以下五种。

1. 利率风险

由市场利率变动的影响而导致投资者负担的投资风险，分为两种情况：一是市场利率水平的变动，导致项目投资的收益率降低而产生风险；二是项目收益率相对低于市场利率水平所带来的损失风险，如果项目的收益水平低于市场利率水平，就会给投资者带来相对损失。随着全球经济一体化，我国日益频繁地到国际金融市场进行融资和贸易，而国际金融市场的利率水平波动幅度大，必须进行利率风险控制与管理，以提高我国信用等级和降低筹资成本。

2. 购买力风险

购买力风险是由于通货膨胀的影响而使项目投资者承担的风险。比如，当股市行情较好，投资者投资股票取得了收益，但同时也遇到了居高不下的通货膨胀率，由于货币贬值，使得投资者无形中损失了获利中的一部分价值。也就是说，投资者货币收入的实际购买力可能下降。通货膨胀的存在，使得投资者即使在货币收入有所增加的情况下，也不一定能够真正获得较高的收益，因为实际收益率中还要扣除通货膨胀率所带来的损失。购买力风险不同于利率风险和市场风险，因为投资者有可能在通货膨胀持续上升的情况下丧失购买力，许多投资者错误地认为货币越多越富裕，这种货币幻觉使投资者忽视了通货膨胀的问题。投资者只有把注意力集中在实际收益率而非名义收益率上，才能克服货币幻觉问题，而且只有当实际收益率为正值，即名义收益率大于通货膨胀率时，购买力才真正有增长。

3. 市场风险

市场风险指项目情况难以预料，使投资者决策失误而产生的风险，是恰与投资者预料相反所产生的风险。之所以出现市场风险，是因为经济周期分萧条、复苏、高涨、危机几个阶段，在各个不同的阶段，市场的变化是非常复杂的。因此，为尽量减小市场风险程度，投资者应当了解经济周期发展变化的规律，从而把握时机，减少损失，获取收益。

4. 经营风险

企业由于战略选择、产品价格、销售手段等经营决策引起的未来收益不确定性，特别是企业利用经营杠杆而导致息前税前利润变动形成的风险叫作经营风险。例如，消费者收入变化、消费者需求结构的变化、生产者供给的变化等带来的经济环境不确定性；某些原料短缺、环境污染严重等自然环境不确定性；技术变化的步伐加快、技术革新的法规增多等技术环境不确定性；管制企业的立法增多、执法更严等政法环境不确定性；持续不变的传统文化与不断更新的现代文化的冲突所带来的文化环境不确定性等造成企业在经营中面临风险。在商品流通过程中，很难避免运输或保管的商品、店铺及其他设施蒙受损伤或丢失。另外，水灾、地震等自然灾害与运输中的事故、高温、潮湿等引起商品损害或变质，可能使商品供给不足造成脱销的风险，商品不适销造成积压的风险等等。经营风险时刻影响着企业的经营活动和财务活动，企业必须防患于未然，对企业经营风险进行准确的计算和衡量，是企业财务管理的一项重要工作。

5. 违约风险

违约风险是指借款人无法按时支付利息或偿还本金而给投资者带来的风险。当公司破产时，遭受损失最重的是普通股东，其次是优先股股东，最后才是债权人。违约风险是由两方面的原因造成的。一方面是经济运行的周期性，在处于经济扩张期时，信用风险降低，较强的赢利能力使总体违约率降低。在处于经济紧缩期时，信用风险增加，因为赢利情况总体恶化，借款人因各种原因不能及时足额还款的可能性增加。另一方面是对于公司经营有影响的特殊事件的发生。这种特殊事件发生与经济运行周期无关，但对公司经营有重要的影响，如对公司生产产品的质量诉讼等可能导致公司破产而产生违约风险。

第三节　风险和风险管理方法

一、风险的基本特征与分类

风险的基本特征包括客观性、可测性和可变性。其中，客观性是指风险的存在是客观现象，主观上是无法避免和抗拒的，风险可以预防而不能被消灭。可测性是指风险发生的概率和程度是可以用概率论进行统计和分析的。可变性是指风险发生的可能性会随着环境的变化而变化，不是一成不变的。

按照风险发生可预见与否可以将风险分为纯粹风险和投机风险。其中，纯粹风险是指难以预见的风险，包括自然灾害和意外事故等，如地震、洪水、火灾和车祸等。投机风险是指在生产经营中可以预料到的风险，如股票投资风险、企业经营风险等。

按照风险损害的对象进行分类，风险可以分为财产风险、人身风险、责任风险和信用风险等。其中，财产风险是指财产损失的不确定性，自然灾害和人为因素都有可能导致财产损失。人身风险是人的衰老、疾病、伤残和死亡等因素造成的损失。责任风险是指企业或个人因为承担责任可能面临的风险。信用风险是指在金融信用体系下存在的不确定性损失，如商业信用损失、银行信用损失等。

按照风险的影响范围，可以将风险分为基本风险和特定风险。基本风险主要是指宏观因素造成的风险，如通货膨胀、地震、洪水和战争等，其影响范围广，产生原因复杂，非个人所能左右。特定风险是因特定因素所造成的，如爆炸、盗窃等。

二、风险管理的基本方法

风险管理是专门研究风险规律，采取措施降低风险发生概率和风险发生造成的损失，通过科学严谨的对策控制和处理风险的科学。风险管理针对风险进行有效的识别和衡量，其目标是选择经济、有效的风险管理方法使风险成本最小，并对风险管理效果进行评估。

（一）风险管理控制法和财务法

风险管理的方法有很多，有以控制风险为主的控制法和以财务手段转移风险为主的财务法。其中控制法又包括风险回避、损失控制和风险隔离等方法；财务法管理风险的主要途径有自留风险、保险和非保险方式转移风险等。

1. 控制法

首先，风险回避就是在充分评估风险的情况下，认为风险发生的可能性较高、发生后造成损失较大，为了避免因从事该活动造成的损失，而主动放弃某项活动。

其次，损失控制是指针对企业不愿意放弃的事项，需要通过降低损失发生的频率，控制损失成本。损失控制可以管理的风险的主要特征是，风险发生的可能性较大，但是风险发生后造成的损失有限，这种情况下企业不愿意丧失获利机会，需要积极主动地降低风险发生的可能性。

最后，风险隔离是指“化整为零”，将存在风险的项目单位进行分割，尽量减少某个风险发生后的传导性和复制性。风险隔离过程中需要减少对某个特殊设备、资产、技术以及个人的依赖，否则一旦环境出现变动，个别设备或者个人遭遇意外事故，就可能使项目整体产生风险。

2. 财务法

首先，如果企业经营活动中某些风险发生的可能性较低，即使风险发生，造成的企业损失也比较有限，就可以选择自留风险，通过财务手段做好相应的资金安排即可。

其次，通过购买保险的方式，将未来可能发生的风险损失进行财务转移。购买保险是常见的风险管理手段，能够利用小额的固定支出，换取对未来不确定性的巨大风险损失的补偿，消化和减轻风险损害对公司和个人的影响。

最后，除了保险合同，企业还有其他非保险的方式进行风险转移和管理，如合同、租赁和转移责任条款等。在合同中明确风险发生后的经济后果由谁来承担，通过契约的方式也可以有效地将风险转嫁给他人，从而实现自身风险控制的目的。

我们可以根据风险的发生概率和损失程度来选择不同的风险管理方法。具体方式可以参照表8-2。需要说明的是，保险通常仅适用于发生可能性小、损失程度大的风险。如果发生可能性大、损失程度也大，保险公司一般不承保此类风险，这类风险就往往借助于金融产品规避。

表8-2 风险管理方法选择参考

风险发生概率	损失程度	风险管理方法
低	小	自留风险
高	小	损失控制
低	大	保险
高	大	风险回避

（二）可保风险

可保风险是保险市场可以接受的风险，或者说可以向保险公司转移的风险。但是，并不是所有风险保险公司都会承保，因为保险公司也要考虑盈利等问题。那保险公司愿意保障的风险有什么特点呢？

首先，保险公司愿意保障的风险需要具有经济可行性。保险公司并不是社会福利机构，盈利是保险公司考虑可以承保什么项目时的重要因素。对于投保的个人和企业来说，当风险造成的损失自身可能无法承受时，需要通过购买保险的方式，由保险公司补偿可能发生的巨大损失。同样地，对于保险公司来说，只有损失发生的概率很低时，才能将巨大的风险损失有效地进行分散，实现自身的盈利。

其次，保险公司愿意保障的风险必须是大量的、同质的、可测的。只有风险发生的概率可以被准确预测，保险公司才能够计算风险发生后的损失，进而确定保险费用和承保的金额等。可承保的风险也要具有同质性和大量存在的特点，这样保险才能出售，利用更加广泛的保险金来共同承担某个或者某些公司发生风险后的损失。常见的交通工具意外保险就是典型的例子。乘坐某个交通工具发生意外的风险是可以预测的，同时也会有大量人乘坐某个交通工具，这些乘客面临的意外风险是相同的。

最后，保险公司愿意保障的风险损失必须是客观上纯粹的意外，被保险人无法控制相关事情的发生与否，如自然灾害等事件，任何个人都无法控制其是否会发生。如果某个风险在预料之中必然发生，或者发生的可能性非常高，那么保险公司是不会承保的。此外，事件面临的风险是在被保险人控制下发生的也是不可保的。

第九章　高校财经素养教育教学实践——模拟财务场景演练

第一节　储蓄与理财的认识与场景

一、储蓄

储蓄是个人将属于其所有的货币存入经营储蓄业务的营业机构，营业机构为其开具存款凭证（存折、存单、借记卡），个人凭存款凭证和预留支取方式支取存款本金和利息，营业机构依照规定支付存款本金和利息的活动。其中，货币是指人民币和外币；存款凭证是存折、存单、借记卡以及其他电子凭证；人们预留支取方式包括密码、印鉴、无印密等；而储蓄账户是指自然人凭个人有效身份证件以自然人名称在银行储蓄机构开立的办理资金存取业务的人民币储蓄存款账户。其目的主要是取得利息收入。

（一）储蓄账户类型

储蓄账户的类型有很多，根据储蓄产品存入方式和支取方式的不同，可以将其分为活期储蓄、零存整取、存本取息、定活两便、整存整取、整存零取、个人通知存款、教育储蓄和大额存单。

活期储蓄是个人将人民币资金存入银行储蓄机构，不规定存期，个人可随时凭储蓄机构开具的凭证续存或支取，存取金额不限。

零存整取指开户时约定存期，本金分次存入，到期一次支取本息的存款方式，其特点是逐月存储，每月存入金额固定，适合那些每月有固定收入但节余不多的人群。零存整取中途如有漏存，应在次月补齐，未补存者，视同违约，对违约后存入的部分，支取时按活期利率计息。零存整取利率一般为同期定期存款利率的60%。

存本取息是指一种一次存入本金，分次支取利息，到期归还本金的存款方式。这种储蓄适合突然有比较大的款项收入，而在短时间内又没有比较大的计划开支，将本金存入营业机构，按时支取利息来安排日常生活的人士。储户开户时可一次性存入本金，并选择确定存款期限以及支取利息的时间和次数。这种储蓄起存金额为5000元，存期可分为1年、3年、5年三个档次，利息可以由储户确定一个月取一次或者几个月取一次。

定活两便是指客户在存款时，不约定存期，可以随时支取，利率随存期的长短而变化的储蓄存款。

整存整取指个人与银行约定存期，整笔存入，到期一次支取本息的一种储蓄存款方式。人民币开户起存金额为人民币50元，存期分为3个月、6个月、1年、2年、3年、5年。

整存零取指个人一次性存入较大金额的人民币本金，分期陆续平均支取本金，到期支取利息的一种定期储蓄。

个人通知存款指存款人在存入款项时不约定存期，支取时须提前通知银行，约定支取金额和日期方能支取的存款方式。按存款人提前通知的期限长短划分为1天通知存款和7天通知存款两个品种，最低起存金额为5万元，最低支取金额为5万元。存款利息高于活期储蓄利息，存期灵活、支取方便，能获得较高收益，适用于大额、存取较频繁的存款。

教育储蓄指为接受非义务教育积蓄资金，实行优惠利率，分次存入，到期一次支取本息的服务。一般为对在校小学四年级以上（含四年级）学生提供的优惠储蓄品种。开户时，存款人应与银行约定每月固定存入的金额，分次存入，途中如有漏存，应在次月补存；未补存者视同违约，对违约后存入部分视同活期存款利率计息，并征收储蓄存款利息所得税。支取时，只有凭存折及学校提供的正在接受非义务教育的学生身份证明（必须是当年有效证明，且一份证明只能享受一次利率优惠）一次支取本金和利息，才能享受国家规定的利率和免征利息税优惠。

大额存单是指由银行业存款类金融机构面向个人、非金融企业、机关团体等发行的一种大额存款凭证。与一般存单不同的是，大额存单在到期之前可以转让，期限不低于7天，投资门槛高，金额为整数。其运作原理是银行在固定期限内对固定数额的资金支付固定金额的利息。从其优势上看，大额存单没有风险，不收取费用，而且利率高于储蓄账户。但是其存取受限，如在到期之前取款，则必须支付罚款（罚款可能高于所赚利息）。

（二）互联网理财

互联网理财产品的类型有以下几种。

第一类：集支付、收益、资金周转于一体的理财产品。

典型代表是阿里巴巴（余额宝）、苏宁（零钱宝）。首先，该类产品的最大特征莫过于投资人可进行消费、支付和转出的操作，且无须任何手续费。迄今，“余额宝模式”已被广泛复制。其次，该类产品承诺T+0赎回，实时提现的优点直接满足投资人对产品流动性的需求。余额宝官方介绍称，按余额宝转出至银行卡的金额，单笔小于等于5万元，第二个自然日24点前到账；单笔大于5万元，则提交后的一个工作日内24点前到账。最后，因类余额宝产品的本质是货币型基金（以下简称货基）产品，收益取决于货币市场间资金利率水平，随市场浮动，年化收益一般在4%～6%，因此年化近7%的高收益很难持久。

第二类：与知名互联网公司合作的理财产品。

典型代表是腾讯（理财通）、百度（百度理财B）。以腾讯理财通为例，直接接入以华夏基金为代表的一线品牌基金公司，首发宣传7日年化收益率为7.394%。事实上，“7日年化收益率”是根据最近7天的收益情况，折算成年化收益率来计算的。假如货基在某一天集中兑现收益，当天的万份收益就会畸高，随后一段时间其7日年化收益率都会很高，因此“7日年化收益率”这个指标就会虚高。最好的做法是，投资人在日常看货基收益的同时，重点关注日每万份收益，以及业绩是否长期稳定。

第三类：P2P平台的理财产品。

典型代表是人人贷（优先理财计划）、陆金所（稳盈-安e贷）。该类产品是互联网直接理财的产物，即资金通过互联网平台直接流向资金需求方，出资人享受资金出让的收益。不少P2P平台与小贷、保险或担保公司合作以保障投资人的本息安全。另一种保障方式，是投资人向借款人提供的实物抵押权，最常见的有车子、房产等。需指出的是，对同是房产的抵押物，住宅的变现能力要远高于办公楼或厂房。正规P2P产品收益一般在8%～15%，有抵押产品收益最高，为12%左右，但若综合考量安全性，后者或许更受保守型投资人的偏爱。

第四类：基金公司在自己的直销平台上推广的产品。

典型代表是汇添富基金（现金宝、全额宝）。以货基为本质，披上互联网金融外衣的理财产品与基金公司直销推广的产品，在原始收益率上并无差异。因为，两者所挂钩的基金产品实际上是同一款产品，收益率自然也一样。唯一不同的是，一般货基虽也承诺T+0赎回，但必须等到当天收市清算后资金方能到账。银河证券数据显示，截至2015年年初，货币市场基金 A 类、货币市场基金 B 类的平均净值增长率分别为 0.7057%、0.7425%，不到两月的收益便超活期储蓄 2 倍。

第五类：银行自己发行银行端现金管理工具。

典型代表是平安银行（平安盈）、广发银行（智能金）。银行信誉的保障是该类产品最大的优势。很多投资人正是出于能够及时变现的考量才会更青睐有金融机构作背书的平台，这类平台以自身银行体系的产品为基础进行销售。也正由于机构提供的强大信誉背景，所以转让更容易。其实，在互联网金融如火如荼的当下，银行已经开始不断变革。据国元证券发布的研究报告，多家银行已开始全面升级旗下开放式理财产品，其中开放式 T+0产品的年化收益提升至4.5%左右，除了在银行网点销售外，还能通过网上银行和手机银行等方式购买。

（三）储蓄存款利息计算方式

1. 储蓄存款利息计算的基本公式

利息是储户在银行储存一定时期和一定数额的存款后，银行按国家规定的利率支付给储户超过本金的那部分资金。利息计算的基本公式为

$$利息=本金\times存期\times利率$$

计息基本规定：①储蓄利息不计付息；②计息金额起点为元，元以下的角分不计利息；③利息金额算至厘位，分以下四舍五入；④存款算头不算尾。

从存款当日起息，算至取款的前 1 天，即存入日应计息，取款日不计息。

每月按 30 天计算：不论大月、小月、平月、闰月，每月均按 30 天计算存期。到期日如遇节假日，储蓄所不营业的，可以在节假日前 1 日支取，按到期计息，手续按提前支取处理。

2. 零存整取定期储蓄存款利息的计算

月积数计息法：这种方法是按“零整”储蓄分户账每月的存款余额算出累计月积数，用累计计息积数乘利率，便可算出应付利息。如果每月存入金额是固定的、相等的，则在排列上是一个等差数列，可用等差数列求和公式求计息积数和。

计息公式：利息 = 月存金额 × 累计月积数 × 月利率

式中：累计月积数 = （存入次数 +1） × 存入次数 ÷ 2

使用对象：零存整取储蓄方式可集零成整，具有计划性、约束性、积累性的功能；虽然该储蓄方式利率低于整存整取定期存款，但却高于活期储蓄，可使储户获得比活期储蓄稍高的存款利息收入；零存整取适用于各类储户，尤其适用于低收入者生活节余累计成整

的需要。

3. 整存整取利息的计算

（1）到期支取的计算。到期支取利息计算公式为

$$利息=本金\times利率\times存期$$

（2）过期支取的计算。到期日支付规定利息，到期日以后部分按活期利率付息。

（3）提前支取的计算。提前支取则按活期利率付息。

4. 存本取息利息的计算

存本取息的利息计算公式与整存整取的计算公式相同，只是为了弥补提前分期取息给银行造成的贴息损失，该种储蓄所定的利率要低于整存整取的储蓄利率。

$$每期支取利息=本金\times取息期\times利率$$

如存本取息的储蓄要提前支取，那么银行将对已经分期支付的本息，采用如数回扣，再按活期利率的标准计算利息来交付本息。另外，储户如果逾期支取，那么逾期的时间内也应按活期利率计算利息一并支付给储户。

5. 定活两便储蓄存款利息计算

定活两便储蓄存款存期在 3 个月以内的按活期计算，存期在 3 个月以上的，按同档次整存整取定期存款利率的六折计算；存期在 1 年以上（含 1 年），无论存期多长，整个存期一律按支取日定期整存整取 1 年期存款利率六折计息：

$$利息=本金\times存期\times利率\times60\%$$

6. 个人通知存款利息的计算

个人通知存款是一次存入，一次或分次支取。一天通知存款需提前 1 天通知，按支取日一天通知存款的利率计算，七天通知存款需提前 7 天通知，按支取日七天通知存款的利率计息，不按规定提前通知而要求支取存款的，则按活期利率计息，利随本清：

$$应付利息=本金\times存期\times相应利率$$

二、银行理财

（一）银行理财产品的概念

银行理财产品即由商业银行自行设计并发行的产品，将募集到的资金根据产品合同约定投入相关金融市场及购买相关金融产品，获取投资收益后，根据合同约定分配给投资人的一类理财产品。在理财产品这种投资方式中，银行只是接受客户的授权管理资金，投资

收益与风险由客户或客户与银行按照约定方式共同承担。

银监会于2005年出台的《商业银行个人理财业务管理暂行办法》对于“个人理财业务”的界定是：商业银行为个人客户提供的财务分析、财务规划、投资顾问、资产管理等专业化服务活动。商业银行个人理财业务按照管理运作方式的不同，分为理财顾问服务和综合理财服务。我们一般所说的“银行理财产品”，通常是指综合理财服务。

（二）银行理财产品的种类

银行理财产品可以根据收益类型、产品存续形态、收益计算方式、投资方向等来分类。具体如下。

1. 按收益类型分类

按收益类型，银行理财产品大致可以分为保本理财产品和非保本理财产品。

保本理财产品包括保证收益类产品和保本浮动收益类产品。保证收益类产品是指商业银行按照约定条件向客户承诺支付固定收益，到期偿还全额本金的理财产品；保本浮动收益类产品则是指商业银行按照约定条件向客户保证本金支付，本金以外的投资风险由客户承担，并依据投资收益实际情况确定客户实际收益。

而非保本理财产品既不能保证本金安全，也不能保证收益率，具体收益会根据理财资金投资标的实际收益情况而发生波动。投资收益波动的风险由理财产品的购买方自行承担，银行等金融机构并不承担“兜底”业务。

2. 按产品存续形态分类

按产品存续形态，可把银行理财产品分为开放式理财产品和封闭式理财产品。

开放式理财产品，是指在产品存续期里可以随时进行赎回操作的理财产品；封闭式理财产品是指在存续期内不再接受新的投资，同时投资者也不能赎回已投资的部分，且在产品终止时按照约定收益率兑付。

根据理财产品高风险高收益的原则，一般封闭式理财产品收益较高，但流动性较差，不可提前赎回或者有提前赎回的限制。开放式理财产品收益稍低，但最大的优势是资金流动性好，可提前赎回，适用有临时资金需求的投资者。在购买银行理财产品时，一定要结合自己对资金流动性的要求，做出正确的理财决策。

3. 按收益计算方式分类

按收益计算方式，可将银行理财产品分为净值型理财产品和非净值型理财产品。

净值型理财产品为非保本浮动收益类理财产品，没有预期收益，理财产品的收益率根据产品净值的变化而变化；非净值型理财产品则相反，产品发行时会规定一个预期或固定收益率。净值型理财产品定期披露产品运作公告，投资者在投资期内可准确掌握净值型理财产品的投资情况及产品净值等信息，产品运作透明度高，真实反映投资资产的市场价值。

净值型理财产品与非净值型理财产品主要有三个区别。一是流动性不同。非净值型理财产品一般会有投资期限，在产品没有到期时，无法赎回资金；而净值型理财产品在封闭式理财的基础上加入了流动性，每周或每月都有开放日，申购赎回相对更灵活。二是信息披露透明度不同。与开放式理财产品相同，净值型理财产品会定期披露收益，与非净值型理财产品相比信息更加透明。三是净值型理财产品挂钩不同的市场，特别是一些高风险的市场。市场行情比较好时，收益比普通的理财产品高，但行情不好时，它也可能亏损。

4. 按投资方向分类

按照投资方向，可将银行理财产品分为固定收益类理财产品、现金管理类理财产品、国内资本市场类理财产品、代客境外理财类产品和结构性理财产品五类。

（1）固定收益类理财产品。主要投资于银行间市场、交易所及其他金融市场的固定收益投资品种，主要包括中央银行票据、金融债券、企业债券、短期融资券、贷款类信托、商业票据等，具体包括债券型理财产品、信托贷款型理财产品和票据型理财产品。

（2）现金管理类理财产品。主要投资于国债、中央银行票据、债券回购及高信用级别的企业债券、公司债券、短期融资券等安全性高、可随时变现的品种。现金管理类理财产品大多可以随时变现，流动性近似于储蓄，申购和赎回交易都非常方便。

现金管理类理财产品具有投资期短、交易灵活、收益较活期存款高等特点，通常作为活期存款的替代品，用来管理短期闲置资金。

（3）国内资本市场类理财产品。主要投资于在上海证券交易所、深圳证券交易所上市交易的投资品种，包括交易所股票、开放式基金及交易所债券等。具体包括：新股申购类理财产品、证券投资类理财产品和股权投资类理财产品。

（4）代客境外理财类产品。代客境外理财业务，是指具有代客境外理财资格的商业银行，受境内机构和居民个人的委托，以其资金在境外进行规定的金融产品投资的经营活动。代客境外理财类产品的特点是：资金投资市场在境外；可投资的境外金融产品和金融市场是有限的；投资者可以直接用人民币投资。

（5）结构性理财产品。是运用金融工程技术，将存款零息债券等固定收益产品与金融衍生产品（如远期、期权、掉期等）组合在一起而形成的一种金融产品，简言之，就是将产品分为“固定收益＋期权”的复合结构。

结构性理财产品的固定收益部分对投资本金的保障程度非常灵活，可以根据客户的需求具体设定，包括不保障本金安全、部分保本、完全保本以及承诺一个大于零的最低收益四种情况。

（三）银行理财产品的优缺点

经过发展，银行理财产品规模持续增长，并于2014年首次超越信托产品的规模，成为广受国内投资者青睐的金融产品之一。那么，银行理财产品到底具备哪些优势，又存在哪些不足呢？

1. 银行理财产品的优点

（1）收益率比银行存款利率高。近年来，市场上理财产品的平均收益率基本都要高于同期的银行活期存款和定期存款利率，将近80%的银行理财产品预期年化收益率在3%～5%。

（2）风险比股票投资小。尽管我国现在的理财产品绝大部分是非保本理财产品，但其风险比起投资股票或基金来说要小得多。现在新发行的非保本理财产品超过80%都是投资于中低风险的产品，如债券类产品，且根据已披露实际收益率与预期收益率资料的理财产品来看，实际收益率等于预期收益率的产品占已公开收益资料产品的98%以上。由此看来，银行理财产品目前的投资风险要小于股票投资。

（3）产品种类丰富，期限灵活。银行理财产品除了风险比股票投资低的优点，期限灵活、种类丰富、可多币种购买，也是它吸引投资者的原因。目前市场上银行理财产品的种类繁多，期限从7天以内到一年以上不等，可以满足不同流动性需求的客户。还有银行T+0理财产品，又称开放式净值型理财产品，它的交易机制采用的是T+0，即工作日购买，当日就能起息。货基一般是T+1交易机制，工作日15：00之前购买，第二个工作日才会计息。如果周五买入，银行T+0产品当日就可以计息，而货基就得等到下周一才会有收益。相比起来，银行T+0产品比货基多了3天收益，如果碰到国庆、春节，还要再多几天的收益，且这种产品可以当天赎回，没有申购赎回的费用，在获取高于存款的理财收益的同时，还可以保持流动性。此外，在市场利率下跌的趋势下，银行理财产品收益率的跌幅要小于货基收益率。2019年上半年，各商业银行的开放式净值型理财产品收益率普遍高于余额宝。

（4）银行网点众多，快捷便利。银行的网点数量众多，购买银行理财产品，只需要到银行柜台去选择合适的产品即可，类似办理存款的手续，现在在手机银行上就可以随时买卖理财产品，十分方便。

2. 银行理财产品的缺点

（1）风险比银行存款高。尽管银行理财产品比股票、基金投资的风险低，也较少出现亏损的情况，但从理论上来说，非保本银行理财产品还是有风险的，并不能保证本金及收益。如果是追求绝对资金安全的投资者，理财产品并不是最好的选择。此外，封闭式理财产品的流动性也比活期存款要低。

（2）部分产品存在投资门槛。大部分银行理财产品规定了起购金额，起购金额通常为5万元、10万元甚至上百万元。对于资金较少的投资者来说，其投资选择就大大受限。

（3）收益比P2P理财产品低。相比于P2P理财产品，银行理财产品的收益相对较低。据公开数据统计，自2015年以来，银行理财产品年收益率为4.6%左右，而P2P理财产品的收益率多是在8%～10%，略高的甚至能达到10%以上。对于追求高收益的风险偏好型投资者来说，有很多比银行理财更合适的投资方式。

（四）购买银行理财产品时需注意问题

1. 了解理财产品的具体情况

市场上各大银行层出不穷的理财产品让原本较为简单的个人理财产品市场竞争变得更加激烈，也让人们在选择理财产品的时候陷入纠结。同时因为一些不法分子通过理财产品进行金融犯罪，各种“庞氏骗局”、P2P理财产品、互联网理财产品让消费者对于理财产品产生一种畏惧的心理，对于各种银行设计的理财产品抱有怀疑态度。所以，在购买理财产品时，应综合考察以下几个方面的问题。

（1）银行自发还是代销。大部分银行理财产品都是银行自己发行的，但银行也可以代理销售其他资产管理机构的理财产品。有的理财产品的说明书中，明确写着“银行作为投资者的代理人……”这样的声明，银行只承认是代理、委托关系，并不为该理财产品负责，因此投资者要谨慎选择这类型理财产品，自行判断风险。

（2）这是一个什么产品。目前商业银行发行的理财产品一部分投资于中央银行票据、同业拆借、债券回购等，这类理财产品风险较小，同时收益率也相对较低；另一部分产品是银行利用自身资源代为发行的信托类理财产品，这类产品往往起点较高，投资于高风险行业，高收益的同时也意味着高风险。投资者一定要多了解产品的投资范围。

（3）我能获得多少回报。对普通投资者来说，无论是否能够读懂复杂的产品说明书，高收益率都是很大的诱惑。部分理财产品都有预期收益的演示，但是演示与最终结果有时会有较大的出入，预期收益率并不等于最后的实际收益率。还需要注意的是，理财产品一般有产品募集期，产品募集期结束后才开始正式起息。募集期将拉长产品的实际投资期限，缩小理财产品的实际收益。

2018年《商业银行理财业务监督管理办法》正式出台，明确要求商业银行销售理财产品，应当加强投资者适当性管理，向投资者充分披露信息和揭示风险，不得宣传或承诺保本保收益，不得误导投资者购买与其风险承受能力不相匹配的理财产品。真正意义上的银行理财产品是非保本的，过去传统的银行保本理财往往通过“刚性兑付”将风险资产的真实价值隐藏起来，也埋下了系统性风险发生的隐患。2017—2018 年，银行理财违约的案例时有发生，招商银行、交通银行、华夏银行等都曾卷入其中。

（4）是否符合最优资产配置的要求。很多投资者在选择理财产品时，有时会比较盲目，常常是哪款产品收益高就投哪款，或者是偏好某一类产品而忽视其他产品。其实，这样的产品选择方式有较大弊端，投资者无法对目前的投资产品组合进行有效的配置，面临产品集中度过高的风险。若未来市场或政策出现调整，将导致整体投资收益受到影响。比如，有些投资者就偏爱短期的债券型理财产品，但由于债券型理财产品会在较大程度上受到市场利率的影响，若利率出现下调，则手中的产品收益都会受到影响。所以，在选择理财产品时，不但要关注产品本身的特征和收益，还要看看其是否符合自己的资产配置要求。

我们在购买银行理财产品时应该了解五个“不等于”。

（1）银行理财不等于储蓄存款，收益具有不确定性。

（2）预期收益不等于实际收益。银行理财产品在宣传时推算出来的过往收益等一般是通过历史数据或模拟得出的，而最终的收益很可能与过往收益有较大偏差。

（3）口头宣传不等于合同约定，不能只听销售人员的口头宣传，要仔细阅读产品合同、条款和说明书。

（4）别人说“好”不等于适合自己。

（5）投资理财不等于投机发财。

2. 了解自身的投资需要

在选择理财产品的时候，一定要认真审视自己和家庭的财务状况，考虑到未来投资期间内可能会发生的生活支出，这些因素直接决定了选择的理财产品的风险性、灵活性、资金门槛等。

（1）风险性。理财产品的高收益常常伴随着高风险，要酌情选择。实际操作的时候要看投资人自身的风险承受能力，当投资人追求高回报时，要考虑到万一亏损自己是否承担得起。另外，选择产品的风险等级也与投资者本人的风险偏好有关。一般情况下，投资者应该持有一部分足够应付生活开支的低风险投资，富余的资金才考虑投入高风险的理财产品中。银行理财产品可能面临以下风险。

①市场风险。理财产品募集资金将由商业银行投入相关金融市场中去，金融市场波动将会影响理财产品本金及收益。造成金融市场价格波动的因素很复杂，价格波动大，投资

者所购买的理财产品面临的市场风险也大。比如，在 2008 年金融危机时，由于全球资本市场严重受挫，当时大多数与资本市场相关的理财产品均遭受不同程度的损失。

②信用风险。理财产品的投资如果与某个企业或机构的信用相关，如购买企业发行的债券、投资企业信托贷款等，理财产品就需要承担企业相应的信用风险，如果这个企业发生违约、破产等情况，理财产品就会有损失。

③流动性风险。某些理财产品期限较长或投资于难以及时变现的金融产品，在理财产品存续期间，投资者在急用资金时可能面临无法提前赎回理财资金的风险或面临按照不利的市场价格变现所致的亏损风险。此外需要关注的是，现金管理类产品有巨额赎回的条款限制，一旦客户集中赎回达到一定比例，银行有权利拒绝或延期处理。

④通货膨胀风险。由于理财产品收益是以货币的形式来支付的，在通货膨胀时期，货币的购买力下降，理财产品到期后的实际收益下降，将给理财产品投资者带来损失的可能，损失的大小与投资期内通货膨胀的程度有关。例如，李女士 2017 年年初购买了一款一年期的银行理财产品，到期后的收益率为 3. 5%，2017 年的通货膨胀率为 2%，李女士购买该理财产品的实际收益率只有 1. 5%。

⑤政策风险。受金融监管政策以及理财市场相关法规政策影响，理财产品的投资、偿还等可能不能正常进行，这将导致理财产品收益降低甚至理财产品本金损失。

⑥操作管理风险。银行是理财产品的受托人，其管理、处分理财产品资金的水平，以及其是否勤勉尽职，直接影响理财收益的实现。

⑦信息传递风险。商业银行将根据理财产品说明书的约定，向投资者发布理财产品的信息公告，如估值、产品到期收益率等。若因通信故障、系统故障以及其他不可抗力等因素的影响，投资者无法及时了解理财产品信息，则可能影响投资者的投资决策，从而影响理财产品收益的实现。

⑧不可抗力风险。自然灾害、战争等不可抗力因素的出现，将严重影响金融市场的正常运行，可能影响理财产品的受理、投资、偿还等的正常进行，甚至导致理财产品收益降低和本金损失。

（2）灵活性。投资周期越短代表灵活性越高。生活中更多的人愿意接受灵活性高的产品，因为考虑到生活中可能存在各种变故，投资者希望急用资金的时候，自己的钱是可以回到手上的，但也并不是说投资周期长的产品就不好，投资周期长的产品往往收益率也高。因此，要根据自己的实际情况和未来规划在灵活性与收益性之间做出权衡。一般情况下，如果资金不多的话，优先投资于灵活性高的产品，在保证流动性的情况下，再进行长线投资。

（3）资金门槛。一些理财产品的门槛很高，有些甚至达上百万元，显然不是所有人都能投资得起的；但是也有100元、1元甚至更少的资金就能投资的产品，也就是说，几乎没有门槛。如大学生没有那么多闲置资金，可以先投资一些门槛低的产品，积累了一定的财富之后，可以尝试大额投资。

第二节　购房的流程场景

对多数人而言，购买房屋是人生中较为重要的一个财务决策。但是整个购房过程充满艰辛，因此提前了解基本的购房常识十分必要。

本节将向学生提供关于购房流程的知识。通过比较租房和购房的区别后，学生将了解购房的五大步骤。通过这一框架，可以大致了解购房相关活动。

“我应该选择哪种类型的抵押贷款?”“贷方在筛选房贷申请者的过程中更注重哪些因素?”这些常见问题将在本节讨论。接下来，还将讨论完成房地产购买所需的费用，即“过户费”。为了增强对购房活动的全面了解，还将聚焦房地产交易的另一方——卖方，从卖方角度了解购房知识，并提供一些关于卖房的建议。

一、查看是否有购房资格

在购房前一定要先明确自己是否有购房资格。购房者应该在购房前先了解当地的购房政策，确定自己是否具备购房资格。目前全国有很多城市实行限购政策，在这些城市购房需要满足一定的条件，如户口、社保、个人所得税等。

以成都市为例，2018年5月15日成都市人民政府办公厅出台《关于进一步完善我市房地产市场调控政策的通知》，对楼市调控做出新一轮规定。

由此可见，政府官网都会将购房政策发布出来。如果有购房需求，首先要明确自身是否具有购房资格。可以到政府官网自行查询，也可以到房地产销售点咨询置业顾问。

二、确定自有住房需求

（一）是作为暂时过渡，还是将来不会换房

如果只是作为暂时过渡，可以根据自身需求的重要程度进行排序。很难有完全符合需求的房屋，消费者通常需要对自己的多种需求进行博弈。例如，子女入学的学区房，家长

陪读居住；离公司近的过渡房，缩短通勤时间等。

如果不会换房，建议将舒适性放在第一位，多关注周边配套和出行成本等因素，优先选择靠近市区的住宅，并考虑到日后家庭人员的数量。

（二）买新房还是买二手房

对生活便利度要求高的人，适合购买市区二手房；对生活品质要求高的人，不妨选择性价比较高的郊区新房。并且，通常情况下新房首付比二手房低，首付压力大的购房者，可以优先考虑新房。新旧房优缺点的对比可参考表9－3。

表9－3　新旧房优缺点的对比

房屋类型	优点	缺点
二手房	离市区近；配套完善；现房入住；交通方便	户型老旧；设计缺乏人性化；税费高
新房	首付额度低；外观崭新；户型合理；居住舒适	位置偏远；配套不全；风险较大

（三）评估自己的负担能力

首先，了解贷款政策，很多城市限购限贷，首套房、二套房、三套房的贷款首付比例存在差异。购房前，要明确自己是否还可以再贷款、能贷多少。

其次，还要做好资金规划，首付和月供的金额将直接关系到未来数十年的生活品质。购房时要量力而为，根据家庭的收入情况来确定房价总额和还款年限。

（四）选择楼盘

通常情况下，有实力、口碑好的大开发商楼盘，品质相对更有保障。在同一区域连续成功开发的楼盘，通常资源整合度高，配套较完善，可以优先考虑。选择合适的楼盘时，要对房地产开发商进行资料的收集、社会负面新闻报道的查阅，以降低买入烂尾楼盘的风险。近年来，由于资金链断裂等问题，部分开发商和地产商出现烂尾楼盘。消费者与银行签订了贷款合同，每月支付高额的房贷却享受不了购房合同承诺的环境与服务。因此，选择楼盘前应对楼盘的开发商和经销商有所了解。

（五）观察物业

真正的好房能够经受起房地产市场政策的考验，在政策的打压下，有的房子可能会稍稍掉价，有的房子却坚挺地涨着价，主要原因是房子质量好。

质量好的一个重要组成因素是物业好。购房者所居住的小区环境干净整洁，物业管理负责，会为生活增加明亮的色彩。

国内主要的物业可以分两类：一类是房地产企业自己的物业品牌；另一类是社会中专门从事物业的公司。其中，依托房地产企业成长起来的物业品牌有碧桂园（物业）服务等。

这些物业品牌可以进入其他房地产开发商的楼盘，但需要通过业主大会的公开投票，才能进入小区提供服务。

（六）考察配套

配套设施是否完善直接影响小区居民的生活品质。一个配套完善的小区，在 3 公里内应该有满足业主衣、食、住、行等日常生活所需的基础设施。如果有自建的幼儿园、义务教育全阶段学校、生活会所等，居民的生活将更为舒适。

具体配套设施可以通过楼盘宣传和去售楼部详细了解，消费者应当仔细甄别不同配套设施具体落实的年限。避免出现买房后才发现地铁线路处于规划中，需要几年后才能开通的情况。

（七）划定面积

确定楼盘后，可以根据楼盘均价和家庭可承受的房屋总价来估算该买多大面积的房子。房屋面积应结合家庭经济情况和实际需求而定，不宜过大，但也不能过小，适中为好。商品房销售可以按套（单元）计价，也可以按建筑面积或者套内建筑面积计价。商品房建筑面积由套内建筑面积和分摊的共有建筑面积组成，套内建筑面积部分为独立产权，分摊的共有建筑面积部分为共有产权，买受人按照法律、法规的规定对其享有权利，承担责任。按套（单元）计价或者按套内建筑面积计价的，商品房买卖合同中应当注明建筑面积和分摊的共有建筑面积。

在划定房屋面积时，税费也是一项重要的参考标准。按国家规定，首次购房面积为 90 平方米内的，需缴纳总房款的 1%；首次购房面积为 90～144 平方米的，需缴纳总房款的 1.5%；非首次购房或首次购房 144 平方米以上的，按总房款 3% 缴纳。

若在交房的时候发现房屋实际面积与之前合同约定的面积不同，就需要做出对应的处理。首先应该看双方在买卖合同中是否有关于这方面的约定。没有约定的可以按照以下原则来处理：面积误差比绝对值在 3% 以内（含 3%）的，据实结算房价款；面积误差比绝对值超出 3% 时，买受人有权退房。

（八）选对楼层

高楼层并不一定是好楼层，楼层的挑选要结合家庭成员情况来定。一般情况下，家中有老人的，宜选低层；家中有小孩的，宜选中低层；年轻人居住的话，可根据个人喜好而定。楼层的高低不同，定价或者议价空间也有所差异。

（九）抉择户型

格局方正、南北通透、明厨明卫、动静分明的户型，是通常意义上的好户型。户型不规则、采光通风差、动静功能区混杂的户型，则是通常意义上的差户型。

（十）看开发商资质等级及证书

开发商的资金实力、开发项目的能力和开发商的资质等级有直接的关系，特别要看开发商的“五证”（《国有土地使用证》《建设用地规划许可证》《建设工程规划许可证》《建筑工程施工许可证》《商品房预售许可证》）、“二书”（《住宅质量保证书》《住宅使用说明书》）是否已经齐全，齐全了才可下手。很多购房者没看或者无视这一点，直到开发商跑路了才后悔不已。

（十一）产权是否明确

有的房子价格特别便宜，销售时说是内部房源所以价格优惠，但仔细问才知是小产权房，没有房屋所有权证书（以下简称房产证），甚至还有存在产权纠纷的房子，买了住进去第二天，房子可能就不是自己的了。所以，购房者切忌贪图便宜，不要购买产权不明确的房子。

（十二）签订合同

买卖双方在购房信息方面的不对等，使得购房者在签订购房合同时，常常处于被动地位。签订合同时，应仔细阅读、理解合同各项条款和补充协议，必要时可向律师和主管部门求助。

第三节　购车的流程场景

汽车作为消费者出行最常用的代步工具之一，其购买过程包含许多重要的知识。

在本节中，将了解如何购买汽车，并尝试计算车辆购买和使用所需的成本，以及一些比较容易被忽略的隐含成本。

一、购车流程

（一）选择品牌

中国汽车市场发展迅速，在短短的20年间便超越东欧与北美，成为全球最大的汽车市场。在中国加入世界贸易组织之后，国内的汽车生产全球化和销售全球化趋势日益显著。随着新的市场机会而来的，还有国内汽车市场日益激烈的竞争，据中国乘用车市场信息联席会（China Passenger Cars Association，CPCA）数据，目前国内的汽车品牌已经超过110家。值得关注的是，这项数据统计并没有将合资的汽车品牌进一步细分，而实际上，像大众这种采用南北双品牌战略，活跃在中国市场中的合资车企业的数量也不容小觑。但是，真正被消费者熟知的汽车品牌可能只有30家，据中国乘用车市场信息联席会另一项统计数据，2020年5月，国内汽车总销量的70%以上被15家知名品牌瓜分，这些品牌包括消费者所熟知的大众、丰田、本田、奥迪等；而汽车市场中其余30%的市场份额，存在着超过95家品牌的竞争；并且排名在第15—30位的车企又将这30%的市场份额占据了很大一部分，汽车品牌之间的竞争程度可想而知。但这也恰好说明，汽车市场提供给消费者的选择更加丰富，消费者能够从大量的汽车品牌之中，选择出符合自己需求的汽车品牌。

市场的参与者数量较大，为了在市场中占有更多的市场份额，汽车品牌对市场进行了深度的细分。这主要体现在不同品牌的造车理念大有不同，理念的不同又使得品牌商在汽车设计中有所差异，针对的目标客户也存在显著的不同。简言之，不同汽车品牌的侧重点是不同的，选择一个符合自己需求的品牌是十分重要的。

（二）选择车型

选择一款适合自身需求的车型，是首先需要明确的，主要可以从价格定位和需求定位来选择。消费者应该根据自身的经济实力，估算适合自己的车辆价格区间。其中，厂家上市时面向社会公众所发布的价格是指导价，也叫裸车价。这个指导价是经销商向4S店提供的一个定价参考。但是在现实生活之中，汽车的生产与销售就像同厂生产的衣服，在不同的城市里，店家卖给消费者的价格也不一样。在不同4S店的汽车销售价格叫优惠价，由于每个4S店都有或多或少的差异，消费者在购车前可以有计划地多去不同的门店进行咨询和比较。落地价是指已经办妥各种费用，可以直接开着上路的价格，具体包括：裸车价（含优惠）、保险费、上牌费、加装配置费用等。

确定预算后，就可以进行车型选择了，可以先挑选几款在外形方面和口碑评价方面不错的车型，之后根据自己的需求进一步挑选。针对自身不同的需求，大概就会对理想车型的特点有具体的想法。去店里有目标地实际感受就能更好地做出选择。确定车型之后，还需选择合适的配置，每一款车型针对不同消费者的经济能力和使用需求推出了不同的配置，主要分为低配、标准配置和中高配置。一般来说，低配和标准配置可以满足行驶的大部分要求，往往性价比也最高，比较适合首次购车的消费者，如大学刚毕业买车的人群。但是，中高配置也比较实用，这种配置往往是在一些细节方面有所升级，能够有更舒适的驾驶体验，甚至能够延长汽车使用的寿命。一些配置在后期进行加装可能比较麻烦，如果有这方面硬性需求，消费者就需要综合考虑了。

在4S店里，消费者选好心仪的车型后是可以进行试驾的。销售人员也愿意让消费者试驾上路。在驾驶过程中可以实际考察这款车是否符合自己的需要和驾驶习惯。如果对车辆的试驾满意，就可以商议价格进行购买了。在购买之前，具体可以从购车的付款方式、保险购置是否在门店购买等方面进行砍价，如果能找到店里的门店经理洽谈，可能能拿到更低的价格。除了价格，还可以让门店赠送服务，如延长车辆售后服务期、公里数等。

（三）交付车款

交付车款的方式较多，这里的交付方式不是指使用哪一种支付工具，而是选择一种适合自己的交付合同。交付车款主要有三种方式：全款购车、定金购车、贷款购车。其中第三种贷款购车是最常见的，消费者需要支付较低的利息分期还款，这种方式也比较适合刚毕业参加工作的大学生。

（四）发票的工商验证

完成以上步骤后，消费者就能拿到购买汽车的发票。接下来，需要进行发票的工商验证。持购车发票在各区工商局机动车市场管理所或汽车交易市场的代办点加盖工商验证章。办理发票的工商验证需要提供购车发票、汽车出厂合格证明（合格证）、单位代码证或个人身份证（进口车辆须提供海关证明，商检证明）。

（五）办理保险

汽车保险是非常有必要的，在4S店里销售人员也会主动为消费者科普汽车保险知识。需要注意的是，保险一定要在领取牌照之前办理，汽车交易市场都有保险公司代办机构，在购车时一起完成保险手续，可以省去以后的麻烦。如果对于保险有任何疑问，可以现场咨询销售代表，相关法律规定保险从业者应当完全且诚实回答消费者的问询；如果消费者不咨询可以不提供主动解释。

新车必须办理的保险有两类：第一类是交强险。交强险全称“机动车交通事故责任强制保险”，这是我国第一个由国家法律规定实行的强制保险制度。第二类可以理解为商业保险类，以车辆损失保险与第三者责任保险为主所构成的主干险种，并在若干附加险的配合下，共同为保险客户提供多方面的危险保障服务。其中第三者责任险包括赔偿被撞对方的修理费、医药费和财产损失费等。

（六）缴纳车辆购置税

购置应税车辆，应当向车辆登记注册地的主管国税机关申报纳税；购置不需要办理车辆登记注册手续的应税车辆，应当向纳税人所在地的主管国税机关申报纳税。车辆购置税实行从价定率的办法计算应纳税额，计算公式为：应纳税额 = 计税价格 × 税率。如果消费者买的是国产私车，计税价格为支付给经销商的全部价款和价外费用，不包括增值税税款。因为机动车销售专用发票的购车价中均含增值税税款，所以在计征车辆购置税税额时，必须先将增值税剔除，然后再按 10% 的税率计征车辆购置税。

（七）车船税

凡在中华人民共和国境内拥有并且使用车船的单位和个人，均为车船税的纳税义务人（以下简称纳税人），车船税不适用于外商投资企业和外国企业。如有租赁关系，拥有人与使用人不一致时，则应由租赁双方商妥确定一方为纳税人，否则，车船的使用人为纳税人。如无租使用的车船，车船使用人为纳税人。

1. 征税对象和征税范围

征税对象为车船，征税范围为在中国境内道路或航道上行驶的除规定免税外的车船，具体范围可查询《中华人民共和国车船税法》。

2. 税额、计税依据

车船税，按定额征收：机动车乘用车每辆 10 座以下，且 1.0 升（含）以下的乘用车，每辆车年税额为 180 元（全国的浮动幅度为 60—360 元）；1.0 升以上至 1.6 升（含）的，每辆车年税额为 300 元（全国为 300—540 元）；1.6 升以上至 2.0 升（含）的，每辆车年税额为 420 元（全国为 360—660 元）。10 座以上（含 10 座）分别按照中型客车和大型客车的标准征收 480 元、600 元。

3. 征收管理

（1）纳税期限。车船税按年一次征收。每年开征时间为二月至四月，具体时间由县、市税务机关确定。交通运输公司等个别单位一次交纳税款有困难的，可由县、市税务机关根据实际情况分两期交纳，但下期的税款应于本年八月底前交纳。

（2）纳税地点。车船税由纳税人向车船所在地的地方税务机关交纳。在附加费征稽处建档后，去所在地税务局缴纳车船税，领取“税”字牌。此项内容可以在购车环节中随时办理，汽车交易市场中一般都有税务部门的办事机构，一次办完比较方便。

（八）办理移动证

在领取正式牌照之前，只有办理了移动证的车辆才能上路行驶，出京车辆则需到检测场验车并办理临时牌照方许上路。移动证贴于所购新车的前挡风玻璃明显处。

办理地点：在各区县交通大队或其设在汽车交易市场的机构办理。

提供：车主证明或个人身份证明、车辆来历证明。

流程：申请→业务领导岗审批→机动车查验岗验车→收费→牌证管理岗开具临时牌、移动证。

（九）验车事项

新车需到车辆检测场检验合格后才能领取车辆牌照，需携带行驶证、驾驶证、保险单原件等。到当地车管所指定的车辆检测站，先交费，然后填写表单，让检查员检查车辆外观，再到车辆检测线检查车辆，合格后到窗口等待领取车辆合格证。

验车时应注意：去指定的汽车检测场验车时，要给新车加油添水，做好行车前检查，确保新车正常行驶，同时要注意初驶磨合状态，不可高速行驶。

（十）领取牌照

验车后5个工作日到各区县车管所领取牌照，同时领取行驶证代办凭证。拍照准备办理行驶执照。领取车牌照、临时行车执照和“检”字牌。私车牌证需车主本人亲自前往，他人不能代领。

领取牌照需提供购车发票原件及复印件，公车提供单位代码证书原件及复印件，私车提供车主身份证、机动车验车表、产品合格证、已投保的机动车第三者责任保险单据（包括保险单正本、收据及保险卡），单位购车的需交控办批件，合资企业需提交营业执照副本原件，私营企业需提供工商局的控办证明。

费用包括牌照费、上牌费、照相费及其他手续费。

（十一）缴纳燃油税

办完以上手续后，车主还需缴纳燃油税。燃油税就是由养路费转换而来，实行捆绑收费。由于养路费一般是按吨位和运营收入两种计费方法收取，实际上形成了一种定额费。而对于用油大户尤其是汽车来说，道路使用率存在较大差距。专家表示："因为无法测算每台车的道路使用率"，"燃油税实质上是通过将养路费'捆绑'到油价上，将每辆汽车要交的养路费转换成税费，在道路等公共设施日益成为一种稀缺资源的大背景下，更多地体现了'多用多缴，少用少缴'的公平原则。"

（十二）车辆备案

在各区县的交通大队或当地安委会办理新车备案手续。此阶段应注意：单位车辆到所在区县交通支（大）队集体办理；个人车辆，车主有驾驶证的随驾驶证的登记备案一同办理，车主无驾驶证的到机动车行驶证登记地址所在区县交通支（大）队办理。

（十三）办理车辆行驶证

在领取牌照的同一车管所办理，需携带的文件包括行驶证待办凭证等。

二、贷款购车

（一）贷款购车流程

客户咨询→决定购买→索取表格→准备资料、填写表格→提交资料→初审→上交银行复审→批准交首付款→签合同→挑车→办理一条龙手续→提车→售后手续交接→客户维护。

（二）汽车金融公司

1. 汽车金融公司功能

汽车金融公司是由汽车制造商出资成立的、为买车人提供金融服务的非银行金融机构。在中国，它的成立与变更必须得到中国银保监会的批准，服务内容与范围也要由银保监会监督。它最重要的功能之一就是向消费者提供汽车贷款服务，此外，还能为汽车经销商提供采购车辆和营运设备贷款、为贷款购车提供担保等一些经中国银保监会批准的其他信贷业务。

2. 目前国内汽车金融公司的现状

2004 年 8 月 3 日，国内第一家汽车金融公司上海通用汽车金融有限责任公司经过中国银监会批准正式开业，自此之后，包括丰田、通用、福特、大众、沃尔沃等汽车厂商均在华建立了汽车金融公司。根据 2021 年 6 月中国银保监会官网所公示信息，在国内已经获准成立的汽车金融公司共有 25 家。

2022 年年末，25 家汽车金融公司资产总额为 9891.95 亿元。受中国汽车市场整体表现低迷影响，截至 2022 年年末，中国汽车金融公司零售贷款余额为 7852.58 亿元，同比略降 3.51%。

（三）贷款购车方式

贷款购车可分为三种具体的方式。

第一种，信用卡分期购车。信用卡分期购车不是一般意义上的刷信用卡买车，其在金额和还款利率手续费上受到了很大的限制，刷卡额度不能超出信用卡的信用额度，该方式适合缺少少量购车资金的消费者。

第二种，汽车金融公司贷款。汽车金融正被车企视为拯救低迷车市的法宝。

第三种，银行个人购车贷款。这是银行与汽车销售商向购车者一次性支付车款所需的资金提供的担保贷款，并联合保险、公证机构为购车者提供保险和公证。

（四）手续费

贷款公司将视情况根据贷款总额收取一定比例的手续费，通常为 2%～3%。

（五）利率举例

利率是指国家规定的基础贷款利率。以中国建设银行 2020 年汽车贷款利率为例，可分为三年期年利率和五年期年利率。其中，三年期（含三年）年利率为 5.31%，五年期（含五年）年利率为 5.4%。国家允许不同银行提供的贷款利率有细微的差别。

（六）资信调查

以小杨购车为例，完成购车贷款的资信调查步骤如下。

（1）小杨在经销商处填写贷款申请表和授权书（小杨授权一家资信调查公司审核小杨的资信资格），同时交少量的定金，经销商再将这些资料传真给汽车金融公司。

（2）由汽车金融公司直接找到小杨，要求小杨提供更为详细的各种证件和证明，进行家访，并调查小杨提供的材料是否属实。

（3）金融公司调查评估后确认小杨有资格得到贷款，并将正式贷款合同与批款函送达给经销商。

（4）经销商通知小杨到店填写正式贷款合同，并缴纳首付款，资信调查过程基本结束。

例如，10 万元车，小杨首付 50%，贷款 5 万元，若三年月还约 1530 元，则小杨的总支出约为 105 080 元；若五年月还约 1000 元，则小杨的总支出约为 110 000 元。看似付出了更多的钱，实际上为小杨减轻了经济压力。

（七）车贷风险

1. 借款人方面

（1）信用风险。购车群体良莠不齐，可能混杂了一些有道德风险的人，由于主观赖账心理或当汽车价格下跌，低于购车者需还贷款余额时，购车者就可能做出理性违约的行为，可能使银行贷款面临风险。

（2）支付风险。购车人对自身的预期收入能力估计不足，确定的贷款额度、期限不合理或由于外部意外，按期支付还款困难。

2. 经销商方面

（1）汽车质量风险。经销商为推销汽车，不通过正当渠道购进汽车，把存在质量问题的车辆销售给借款人，因质量纠纷而殃及银行贷款的收回。

（2）盲目推介客户风险。经销商向银行推介客户的过程中，其从自身利益出发，可能通过虚报汽车价格，变相降低首付款比例或采用零首付的方法，把不具备资金实力的购车人推介给银行，为贷款的按期收回埋下隐患。

3. 保险公司方面

（1）保险条款陷阱。保险公司利用借款人对保险条款的模糊认识，以及银行贷款操作中的疏漏，当保险责任发生时，寻机免除保险责任或减少责任。

（2）保险公司营销人员风险。保险公司的部分营销人员，采取不正当竞争手段，违反保险条款规定，私自缩短保险期限，造成保险失效，责任免除。

（3）保险支付风险。保险公司虽为一级法人，但其保险赔偿的支付能力是有一定限度的，当保险赔偿额度超过其内部控制比例或心理预期时，保险公司就会寻找借口拖延赔付，从而造成银行不良贷款增加。

4. 银行内部风险

（1）贷款手续风险。保险公司履约保险的生效是以银行履行义务为前提的，当银行在贷款调查、审查、审批手续上出现纰漏时，就会造成保险失效，责任免除。

（2）客户及车辆质量审核风险。汽车贷款风险直接来自借款人和车辆，对借款人资信状况调查不严格或对经销商提供车辆质量把关不严，都会直接给贷款的按时收回带来风险。

（3）保险手续风险。汽车贷款履约保证保险是保险公司的一个保险业务品种，虽然在借款合同中，银行要求其在担保人处加盖了公章，但并不等同于保险公司担保贷款。履约保险对手续的要求非常严格，保险不连续、借款人非法经营、借款合同或保险单内容的变更等，都可能造成保险失效、责任免除。

参考文献

[1] 徐玖平，牛永革，李小平．中国大学生财经素养状况蓝皮书[M]．北京：经济管理出版社，2021.

[2] 唐宇，李萍，苏聪丽．财经素养教育教学实践指导用书[M]．成都：西南财经大学出版社，2022.

[3] 薛兆丰．经济学通识[M]．北京：北京大学出版社，2015.

[4] 张汝山．大学生创新创业教育[M]．北京：高等教育出版社，2020.

[5] 于光福．防范诈骗百招[M]．北京：中国人民公安大学出版社，2015.

[6] 覃丽萍．财经素养教育与财务管理学科教育融合的教学方案研究[J]．时代经贸，2022，19(9)：153－156.

[7] 王敏．新时代大学生消费观探究[J]．上海商业，2022(8)：43－45.

[8] 李若男．数字经济时代大学生消费心理及消费行为的研究[J]．老字号品牌营销，2022(15)：49－51.

[9] 熊璞，李超民．高校图书馆财经素养教育实践与启示——基于5所财经类高校图书馆的调查分析[J]．传媒论坛，2022，5(6)：79－82.

[10] 梁建茵．大学生财经素养教育研究[J]．教育教学论坛，2022(8)：185－188.

[11] 黄靖翔．大学生创业企业财务问题探索[J]．黑龙江人力资源和社会保障，2021(19)：94－96.

[12] 王双．论当代大学生科学消费观的培养[J]．财富时代，2021(11)：204－205.

[13] 莫玉音．财经素养教育实践研究[J]．教育评论，2021(10)：41－47.

[14] 张芳丽，蒋杰锐．大学生创新能力培养路径研究——以某高校财务管理专业为例[J]．山东商业职业技术学院学报，2021，21(5)：23－28.

[15] 宗秀秀．社会视角下的中国财经素养教育标准[J]．营销界，2021(34)：195－196.

[16] 赵红卫. 财经素养教育国外经验借鉴[J]. 财会月刊, 2021(16): 127-133.

[17] 龙婉莹. 大学生投资理财分析[J]. 佳木斯职业学院学报, 2021, 37(8): 52-53.

[18] 郭晶红. 大学生财经素养培育路径研究[J]. 闽西职业技术学院学报, 2021, 23(2): 69-72.

[19] 夏雪. 大学生财经素养测评研究[D]. 华中农业大学, 2021.

[20] 沈思. 大学生创业企业财务管理存在的问题及对策研究[J]. 山西农经, 2020(24): 137-138.

[21] 王江凌, 镇少轩, 赵雨竹, 等. 浅析大学生创新创业与财务管理[J]. 市场周刊, 2020, 33(9): 115-117.

[22] 王宏欣, 袁风林, 马国庭. 大学生信贷消费状况与信贷风险教育策略——基于江苏省大学生信贷消费情况的调查分析[J]. 经济研究导刊, 2020(17): 143-145.

[23] 张开金. 大学生财经素养教育的需求与回应[D]. 华中农业大学, 2020.

[24] 许灿, 韩长进. 浅谈高职学生创业财务素养教育[J]. 财会学习, 2019(32): 216-220.

[25] 高晓巍. 大学生信贷消费及风险防范研究[J]. 市场周刊, 2019(11): 124-125.

[26] 刘志阳, 杨超. 财经素养教育的国际经验借鉴与中国标准建构[J]. 广西财经学院学报, 2019, 32(3): 116-126.

[27] 李月红, 赵博扬. 大学生网络信贷问题风险防范研究[J]. 江苏科技信息, 2019, 36(7): 35-37.